传媒集刊

思想政治理论与实践 2022

张燕明 ◎ 主编

中国传媒大学出版社
·北京·

主编简介

张燕明，中共党员，副教授，武汉传媒学院董事、党委常委、马克思主义学院院长。长期从事大学生思想政治教育工作和思想政治理论课教学科研工作，先后主持和参与湖北省高校学生工作精品项目1项，湖北省教育厅人文社会科学研究项目2项，湖北省教育科学“十二五”规划课题1项，湖北省高校心理健康教育优秀成果1项，主编、参编教材2部，并发表学术论文十余篇。积极探索大学生教育管理和思想政治理论课改革创新，相关事迹受到《湖北日报》、长江云、湖北高校思政网等主流媒体的广泛报道。2021年6月，被中共湖北省委教育工作委员会授予“高等学校优秀共产党员”荣誉称号；2022年3月，主持教学成果获评武汉传媒学院教学成果奖特等奖。

目　　录

特　稿

基于大学生创新创业素质培养的实践教学改革刍议

◈ 付家荣 刘懿漫

摘要：当前解决大学生就业问题涉及包括政府部门、高等院校、企事业单位及家庭等在内的各个层面。为了促进大学生就业，国家及地方政府出台了多项鼓励大学生就业创业的政策措施。大学生创新创业素质能力培养，是促进大学生就业能力提升的重要途径和手段。本文从大学生创新创业素质教育角度，以湖北省2所省属高校为例，对7个班级本科生共242人进行了大学生创新创业素质测评。通过成就导向、开拓创新、压力承受、沟通能力、商业敏感、关系建立和团队合作等七大维度的测评，获得了当前大学生创新创业素质状况的基本数据，并且由此提出了高校实践教学改革的几项建议：将创新创业素质教育纳入人才培养全过程；结合自身办学特色推进实践教学改革；注重师资队伍建设；对大学生加强创新创业素质培养。

关键词：创新创业；素质测评；实践教学

大学生创新创业能力是大学生重要的素质，提升大学生创新创业素质是高校实践教学的重要目标，也是国家教育教学改革的重要内容。

一、大学生创新创业素质培养背景分析

高校实践教学如何适应大众创业、万众创新的要求，如何适应培养创新性人才的要求，已成为高等教育的一个重要问题。2015年国务院颁发的《关于大力推进大众创业万众创新若干政策措施的意见》，指出“把创业精神培育和创业素质教育纳入国民教育体系，实现全社会创业教育和培训制度化、体系化。加快完善创业课程设置，加强创业实训体系建设”，对创新创业提出了指导性意见。

1. 相关政策背景

创新是引领发展的第一动力,是保持我国未来经济中高速增长,全面建成现代化国家的重要引擎。自改革开放以来,中国科学技术得以快速发展并成为第一生产力,科技进步成为带动社会经济发展的主要动力。党的十八大以来,国家相继出台了一系列有关创新驱动发展战略的文件和政策。2015 年 3 月 13 日颁发的《中共中央 国务院关于深化体制机制改革 加快实施创新驱动发展战略的若干意见》是我国实施创新驱动发展战略的第一份指导性文件,其明确指出了加快实施创新驱动发展战略的总体思路和主要目标,部署了重点改革任务,描绘了宏伟的改革蓝图,对促进我国未来发展意义重大。党的十八届五中全会把创新列为五大发展理念之首,提出“创新是引领发展的第一动力,必须把发展基点放在创新上,塑造更多依靠创新驱动、更多发挥先发优势的引领型发展”。2016 年 5 月 20 日,中共中央、国务院发布《国家创新驱动发展战略纲要》,阐明了未来 30 年创新驱动发展的目标、方向和重点任务,是建设创新型国家的行动指南。党的十九大报告再次强调“创新是引领发展的第一动力”,进一步强调要坚定实施创新驱动发展战略,坚持理论创新、实践创新、制度创新、文化创新等,加快建设创新型国家。创新驱动发展战略顺应了时代技术变革和新的产业革命大趋势,是中国经济发展方式的大变革,是中国经济步入新常态形势下提出的重大战略部署,也是我国建成世界科技创新强国的动力支撑。

面对创新发展大势,国家不断改革教育体制,把学生创新精神的培养放在重要位置,并采取各种措施以加大高校创新创业人才培养的支持力度,激发青年学生的创造力,培养大批敢于承担风险的创新创业人才队伍,推动“大众创业、万众创新”。高校作为人才培养的重要基地,也应顺应社会大势,将人才培养目标与时代需求和社会需要结合起来,为大学生提高创新创业能力提供良好的教育环境。在这个创新成为大势的新时代,大学生自身应调整发展目标,积极发挥自身的主观能动性,从多方面提升自己创新创业的能力和素质,有意识地将自己塑造成具有强烈创新精神的创新型人才。

2. 国际、国内形势背景

我国每年有几百万的大学毕业生,由于国内国际各种因素的影响,大学生就业形势日益严峻。

一是国内经济新常态带来的挑战。我国经济发展进入新常态,经济增长由过去高速增长转变为中低速增长,经济增长方式由过去粗放式增长转变为内涵式增长,经济结构进一步优化,传统落后的产业逐渐被淘汰,新技术、新产业不断涌现。这带来了劳动力市场的新变化,在一些使用新技术、新工艺的新兴产业领域,劳动力需求量增大,而一些传统产业、落后产业的劳动力需求逐渐萎缩。只有适应这一变化态势，适应市场对劳动力的需求，才能解决好劳动力的就业问题。高校毕业生在就业过程中同样要面对国内经济新常态的新形势。

二是国际贸易形势带来的影响。近年来，国际形势变得更加复杂，外部不确定性明显增强，一些西方国家对中国的快速发展采取遏制打压，这给中国的发展带来了巨大的阻力。特别是2018年以来，美国挑起的贸易战妨碍了两个大国之间的正常贸易。这场贸易战，极大地影响了中美之间的经济贸易关系，也对我国就业带来重大影响。相关研究显示，它直接影响就业411万人，间接影响就业309万人，共720万人。其中，第一产业占7%，共53万人；第二产业占86%，共621万人；第三产业占6%，共46万人。对就业影响最大的是在电子元器件（165万人）、家具（37万人）、金属制品（25万人）、鞋（24万人）、渔产品（24万人）等五大行业。这五大类行业中受影响的就业数量占全部受影响行业就业数量的38%。中美贸易摩擦，影响正规就业数量占全部直接受影响就业数量的54%[4]24-29。可见，复杂多变的国际形势，特别是国际贸易形势的变化，对就业造成了巨大的冲击。

三是全球新冠肺炎疫情带来的冲击。2020年初出现的新冠肺炎疫情给中国的经济发展带来了严重影响，统计资料显示，受疫情影响，2020年第一季度中国经济呈现断崖式下降，1－2月，规模以上工业增加值同比下降13.5%，固定资产投资同比下降24.5%，服务业生产指数同比下降13.0%，房地产投资同比下降16.3%，社会消费品零售总额同比下降20.5%，进出口总值同比下降11.0%，一季度国内生产总值206 504亿元，按可比价格计算，同比下降6.8%，经济增速的下降严重影响了劳动就业。2020年1－4月，全国城镇新增就业354万人，同比少增105万人，2020年4月份，全国城镇调查失业率为6%，比上年同期高出1个百分点[5]。受新冠肺炎疫情影响，很多企业倒闭、关门，许多用人单位停止或减少了大学毕业生招聘。新冠肺炎疫情对经济的冲击导致就业岗位和就业机会的减少，加之数量庞大的大学毕业生人数，给2020年、2021年、2022年连续三届大学毕业生的就业带来了前所未有的压力，使就业形势更加严峻。

3. 大学生自身素质背景

当前大学生就业形势不乐观，也有大学生自身素质尤其是创新创业素质欠缺的问题。

一是就业观念不成熟。就业观念不成熟既表现在许多大学生在求职招聘中过于强调工资待遇、工作环境和就业地域，也表现在许多大学生在求职中仅仅局限于只去某些固定的单位,甚至是非事业单位不去、非国企央企不进等陈旧就业观念,不少大学毕业生尚未形成自主创业的观念和意识。

二是就业竞争力不强。很多应届毕业生并未意识到当前严峻的就业形势,直到大四面临求职时,才开始主动地提升就业竞争力。大四以前的学习,只是简单粗略地掌握了书本上的知识,很少主动参加实践活动,这导致其专业技能、人际沟通、创新素质、创新能力等核心竞争力较差,求职过程中他们存在明显的短板,自然降低了求职的成功率。

三是就业取向不明确。许多大学生对自己的职业规划和职业发展没有清晰的认识,在大学毕业前陷入盲目跟风状态,没有针对自己个人的实际情况和专业特点,制定个性化的职业规划,没有明确的就业取向和职业兴趣,更没有把创新创业作为自己的学业规划和职业规划。

二、大学生创新创业能力素质现状

为了准确了解当前大学生创新创业能力素质现状,我们从 2017 年至 2020 年,对湖北省两所省属高校在校本科大学生 242 人的创新创业素质进行了测评,基本了解了大学生创新创业素质的基本要素和基本水平的实际情况。

1. 大学生创新创业素质测评工具

我们根据素质测评基本理论,参考已有创新创业素质指标体系和模型,结合当前大学生创新创业素质测评的实际,在测评工具上选用了上海踏瑞计算机有限公司开发的大学生创业者素质测评软件。上海踏瑞计算机有限公司在众多关于大学生创业者胜任素质研究的基础上,提出了全新的大学生创业者素质模型,这些素质是一个成功的创业者所应具备的基本潜质,通过对这些素质的衡量,可以帮助大学生了解自己是否适合创业。大学生创业者素质模型包括成就导向、开拓创新、压力承受、沟通能力、商业敏感、关系建立和团队合作等 7 大一级维度,由成就性、主动性、坚韧性、学习精神、创新性、冒险性、独立性、自信心、耐压性、灵活性、沟通意识、倾听能力、人际理解、商业敏感、关系建立、社交性、合作性和宽容性等 18 项素质构成二级维度。该测评工具采用量表法,量表共设计 150 题,受测者回答问题,各项答案(反应)被记录下来,该工具根据不同的回答(反应)确定相应指标的得分。受测者通常可在 30 分钟之内完成整个测验。

该测评软件适用范围较广。18 项大学生创业者潜能因子的得分和轮廓图,可以反映被测者在创业潜质方面的详细情况，从而为创业者潜能的确定提供重要参考。大学生创业者素质测验的常模群体为正常人群，既适合个别测试，也适合团体测试。凡具有相当于初中以上文化程度的人群都适用，本软件具有较高的效信度。

2. 测评样本及测评方式

本次选择与实践教学改革密切相关的班级学生为测评样本，测评过程是根据授课进度安排的，时间跨度较长。按参与测评年级分布看，2017 级占比最大，其次是 2018 级，再次是 2016 级，还有少量 2015 级的同学（具体见表 1）。

表 1　样本的年级分布情况

年级	2015	2016	2017	2018	合计
人数（人）	5	65	103	69	242
占比（%）	2	27	43	28	100

在测评对象专业分布上，人力资源管理专业学生占 38%，市场营销专业学生占 31%，其他专业学生占 31%（具体见表 2）。

表 2　样本的专业分布情况

专业	人力资源管理	市场营销	其他	合计
人数（人）	91	74	77	242
占比（%）	38	31	31	100

大学生创新创业素质测评，全部通过计算机进行。教师通过大学生创业者素质测评系统，确定测试时间，学生通过测评系统在规定时间登录计算机测试软件进行测评量表答题。每次集体测评项目在规定时间段集中进行，因此测评时排除了因环境影响所带来的结果偏差，测评结果具有较高的可信度。

3. 测评结果

通过计算机系统测评，前后获得了 7 个班级共 242 人的测评结果数据。为了更直观地了解大学生创新创业素质基本状况，我们只选择了样本里 7 项一级指标的得分数据并对其进行了专门的统计分析。该测评软件计分方式是采用十分制计分。4 ~7 分为中等分，7 分以上为高分特征，4 分以下为低分特征（具体见表 3 和图 1）。

表 3　大学生创新创业素质测评总体情况

描述统计量							
	N	极小值	极大值	均值		标准差	方差
	统计量	统计量	统计量	统计量	标准误	统计量	统计量
成就导向	242	1	7	4.42	0.059	0.913	0.833
开拓创新	242	1	6	3.64	0.046	0.716	0.512
压力承受	242	1	6	3.91	0.050	0.776	0.602
沟通能力	242	1	8	5.57	0.060	0.927	0.860
商业敏感	242	1	7	3.59	0.072	1.128	1.272
关系建立	242	1	7	4.05	0.079	1.233	1.521
团队合作	242	1	8	5.17	0.077	1.192	1.422
有效的 N(列表状态)	242						

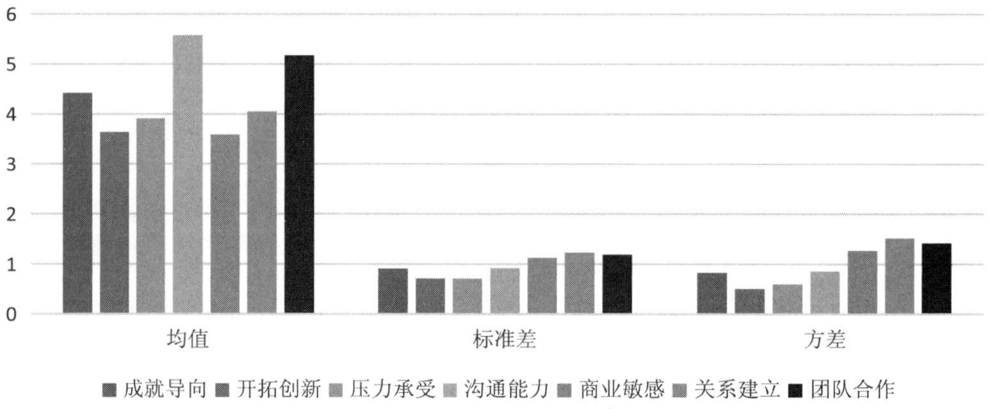

图 1　大学生创新创业素质测评总体情况

从测评的总体数据统计结果可知,大学生创新创业素质状况呈现以下数量特征:其一,测评结果处于中等水平的指标是成就导向、沟通能力、团队合作和关系建立,其余创新开拓、压力承受、商业敏感三个指标仍处于低分区域;其二,测评分数处于中等水平的指标中,均分最高的是沟通能力,后面依次为团队合作、成就导向、关系建立(具体见图 2);其三,在开拓创新及压力承受两项测评指标方面,标准差和方差相对其他指标较小,说明大学生在这两个项目上的测试结果相对集中,而商业敏感、关系建立及团队合作 3 项指标标准差和方差要大于其他 4 项指标,表明整体上大学生这三项指标测试结果偏离均值程度大于其他指标,也说明大学生在这三项指标方面个体差异性要大于其他 4 个项目。

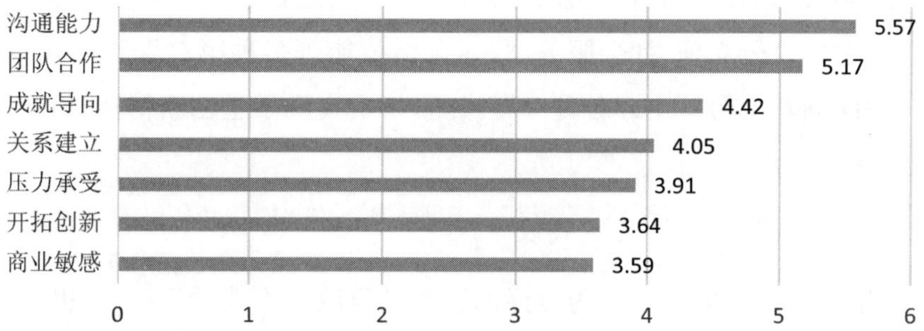

图 2 大学生创新创业素质各维度均值排序

以上测评结果印证了大多数文献对大学生创新创业能力素质的现状分析结论，即大学生总体创新创业精神不够、创新意识淡薄、创新创业能力不强。如何根据大学生创新创业能力素质现状，通过改革实践教学，有针对性地提高大学生创新创业能力素质，是提升高等教育人才培养质量的当务之急。

三、以大学生创新创业能力培养为目标的实践教学改革建议

大学生创新创业教育是国家实施创新驱动发展战略的一项重大系统工程，也是推进高等学校进行创新创业教育改革、促进大学生高质量创业就业的重要举措。

1. 将创新创业素质教育纳入人才培养全过程

从时间轴看，从大学生入学开始到大学毕业整个过程，每个阶段，包括入学教育、军训、课堂教学、各种专业竞赛活动和科技创新活动、专业见习、实习实训、毕业论文与设计等，都要渗入创新创业意识、创新创业思维、创新创业精神以及创新创业能力的教育或实践，并在培养环节制定明确的与此相对应的培养路径图；从内容上看，除设立专门的创新创业实践课程模块外，还要构建旨在培养学生创新精神、创业意识和能力的创新创业教育平台，实现创新创业课程与通识教育、专业教育和实践教学的有效融合，设立完善的课程体系与创新创业素质要求相对应的矩阵图，明确各门课程教育中通过实践教学活动要达到的创新创业素质目标。具体而言，一是通过通识类课程改革，培养学生的“双创”意识。通过课程模块灌输创新创业意识，培养创新创业能力及素质。二是强化专业类课程改革，培养学生专业领域的创新创业能力。在专业课程设计中加大实战模块课时的比重，在教学内容中积极渗透创新创业理念，在教学方法上大量引用案例研究、模拟经营等实践性较强的方法，在师资聘任上强调专兼结合，聘请行业内具有丰富创业管理经验的企业家或管理人员参与课程改革和课堂教学。三是不断完

善第二课堂,丰富创新创业教育内容和形式。学校通过设置各种级别的学科竞赛、假期社会实践、学生科研立项、社会服务、职业资格技能等多种第二课堂形式,结合校企合作平台、协同创新平台等主办各种专题讲座,切实提升学生创新精神、创业意识和创新创业能力。

2. 结合自身办学特色推进实践教学改革

以大学生创新创业能力培养为目标的实践教学改革不能千篇一律,也不能完全照搬别的学校或专业的实践教学模式,而要结合自身办学优势和特色。一是要了解自身专业办学的行业背景。依托行业发展背景,了解行业动态,培养学生敏锐的观察力、判断力。不同的学校或专业,在办学过程中有自身的特定行业背景,有的侧重于农业,有的侧重于制造业,还有的则着重于在服务行业领域发展,因此,实践教学过程中这些行业背景是引导学生接触现实、开阔视野、培养创新性思维和能力的广阔空间。二是要搭建与自身专业相关的实践教学平台。实践教学离不开与自身专业相关的实习实训基地、校企共建实验室、共建创新平台、成果转化孵化器、协同创新中心等平台和载体。为提升学生创新创业的素质和能力,必须利用各种社会资源,搭建各类与专业相关的实践教学平台。三是要结合自身学科特色和优势。每所学校都有自己的优势和特色学科,力争利用优势学科获取更多的平台资源,利用学科特色结合学科专业发展目标,因地制宜,制定完善的人才培养方案,提升办学水平,促进大学生创新创业能力素质的提升。

3. 注重有实践经验的师资队伍建设

以大学生创新创业能力培养为目标的实践教学,需要稳定且富有实践经验的师资队伍作保障。针对当前高校教师队伍普遍缺乏专业实践经验的现状,可采取以下措施加强师资队伍建设。一是对现有师资队伍加强培训和锻炼。可以选拔优秀教师到企业挂职,也可以组织教师深入生产企业和科研院所第一线开展调研,或参与他们的课题研究,采取激励政策鼓励教师与企业合作开发项目。二是加强双师型师资队伍建设。鼓励教师参加各种高级职业资格认定考试,获得与专业相关的职业资格等级证书。“双师型”教师具有较扎实的理论基础,同时又有一定的实际操作方面的经验和知识,是引导大学生创新创业教育不可忽视的力量。对于双师型队伍,学校在教师职称晋升、教学评价方面要有有效的激励机制,能够调动教师从事大学生创新创业能力培养的积极性。三是聘请政府、企事业单位经验丰富的专家为校外导师,联合指导大学生创新创业活动。四是广泛利用学校及专业办学资源,动用多方力量建立协同创新、协同育人机构,为大学生创新创业能力培养提供更好的平台。

4. 针对大学生创新创业素质现状加强培养

以大学生创新创业核心能力和素质建设为目标推进实践教学改革，必须根据素质提升的需要制定培养计划，设置课程体系、教学内容、考核方式等，在实践教学过程中才能找准抓手、突破重点。因此，在实践教学改革中，一要明确各实践教学课程之间在构建大学生创新创业能力和素质之间的关联性，理清该课程学习和训练所要提升的各项素质，在整个专业培养方案中对大学生创新创业能力和素质的构建形成系统性规划。二要把提升大学生的商业敏感、开拓创新、压力承受等三项创新创业指标作为重点，把关系建立、成就导向、团队合作、沟通能力也放在重要地位，依次递进，持续改进，以大学生毕业时达到的最终成果为导向，安排课程教学内容及教学管理活动。

（付家荣，湖北经济学院工商管理学院教授；刘懿漫，湖北经济学院2021级会计专业硕士研究生）

基金项目：本文系湖北省教育科学规划课题“以大学生创新创业能力培养为目标的实践教学改革研究”（2017GB122）的研究成果。

参考文献

[1]国务院关于大力推进大众创业万众创新若干政策措施的意见[EB/OL].（2015-06-16）. 中央政府门户网站，http://www.gov.cn/zhengce/content/2015-06/16/content_9855.htm.

[2]中共中央国务院印发《国家创新驱动发展战略纲要》[N]. 人民日报，2016-05-20(1).

[3]侯典牧，傅家荣. 人员素质测评[M]. 北京：科学出版社，2014.

[4]赵文. 中美贸易摩擦对我国就业的影响及对策[J]. 国际贸易，2020(8)：22-29.

[5]陆娅楠. 4月主要经济指标继续改善　转型升级态势持续[N]. 人民日报，2020-05-16(1).

理论探讨

论当代大学生法治观的培育

◈ 吴　斌

摘要：大学生法治观培育是弘扬社会主义核心价值观的题中之义，是全面推进依法治国的必然要求，是促进大学生全面发展的内在需求。培育大学生法治观要引导他们树立法治意识、养成法治思维、提高法治能力，其中法治意识的树立是大学生法治观培育的起点，法治思维的养成是大学生法治观培育的重点，法治能力的提升是大学生法治观培育的根本。培育大学生的法治观，提高大学生的法治素养，可以从融入课堂教学、注重文化熏染、强化社会实践等方面着力。

关键词：大学生；法治观；培育

党的十九届四中全会明确提出坚持全面依法治国，继续推动法治中国建设迈出坚实步伐。作为中国特色社会主义事业的未来接班人和建设者，大学生是否具有科学的法治观很大程度上决定着社会主义法治国家的建设进程。在高校法治教育的多层次功能体系中，大学生法治观塑造具有最为基础性、长远性、根本性的终端价值，其应处于统摄全局的顶端位置，其应成为大学生法治教育工作的根本目标。

一、大学生法治观培育的价值凸显

习近平总书记强调"法律是治国之重器，法治是国家治理体系和治理能力的重要依托。"[1]80 大学生是未来社会的精英，是实现中华民族伟大复兴的中坚力量，培育大学生的法治意识和法治素养是弘扬社会主义核心价值观的题中之义，是全面推进依法治国的必然要求，是促进大学生全面发展的内在需求。

1. 弘扬社会主义核心价值观的题中之义

习近平总书记指出，青年"处在价值观形成和确立的时期，抓好这一时期的价值观养成十分重要"[2]6，勉励广大青年自觉践行社会主义核心价值观。法治作为社会主义核心价值观的内容之一,在整个社会主义核心价值观中具有独特地位和作用,是其他核心价值目标实现的重要保障。如果不牢固树立法治价值观,其他核心价值观的培育与践行也必将受到制约。因此,只有加强大学生法治观培育,引导大学生将法治精神内化于心、外化于行,真正做到学法、尊法、守法、用法、护法,法治价值观才能在大学生心中生根发芽,社会主义核心价值观的弘扬也才可能真正落到实处。因此,加强大学生法治观培育,提升大学生法律素养,既是弘扬社会主义法治价值观的重要内容,也是培育和践行社会主义核心价值观的重要前提。

2. 全面推进依法治国的必然要求

党的十八届四中全会提出,"法律的权威源自人民的内心拥护和真诚信仰……必须弘扬社会主义法治精神,建设社会主义法治文化,增强全社会厉行法治的积极性和主动性,形成守法光荣、违法可耻的社会氛围,使全体人民都成为社会主义法治忠实崇尚者、自觉遵守者、坚定捍卫者"[3]172,这奏响了全面推进依法治国的时代号角。法治精神的培育对于推进全面依法治国、建设法治中国具有基础性、长远性、战略性的重大意义。个体只有具备了较强的法治意识,发自内心地信仰法律、尊重法律的权威、遵守法律的规定,才能积极投身到社会主义法治国家的建设之中。大学生思维活跃、视野开阔、勤于思考、勇于创新,是未来社会的中流砥柱,是法治国家、法治政府、法治社会建设的中坚力量。可以说,他们的法治意识和法治素养不仅关系到自身的成长成才,也关系到对其他社会成员法治观培育的引领示范效应,更关系到未来中国社会主流治理力量的法治意识和法治品质。因此,大学生法治观培育的价值凸显于当下社会全面推进依法治国的进程之中,大学生法治观培育是全面推进依法治国的必然要求。

3. 促进大学生全面发展的内在需求

大学生是中国特色社会主义事业的生力军,肩负着实现中华民族伟大复兴的历史使命,这就要求大学生自身全面发展,具备良好的综合素质。大学生尊法信法的意识和守法用法的能力对其形成健全的人格具有不可忽视的作用。大学生法治观的培育,有利于大学生在头脑中树立公平正义的法治理念,养成正确的法治价值观,自觉遵守法律,勇于捍卫自身权益,以法治促进个人的健康成长。当前,大学生中法治意识淡薄、法治素养欠缺的现象屡见不鲜,有的大学生维权意识不强,在自身合法权益受侵害时忍气吞声或者打击报复;有的大学生漠视法律,就学期间就走上违法犯罪的道路;还有的大学生在校期间对贪污腐败深恶痛绝,但是一旦走上工作岗位掌握一定权力后,就重蹈贪污腐败的覆辙。这些情况的出现固然与社会环境的影响相关,但也反映出大学生法治观培育的效果欠佳。因此,加强大学生法治观培育,有助于大学生法治意识的觉醒和法治素养的提高，进而为大学生成长为合格的社会主义建设者和接班人打下坚实的法治基础。

二、大学生法治观培育的主要内容

当代大学生法治观培育的内容很多，重点是要求大学生树立法治意识、养成法治思维、提高法治能力。在大学生法治观的培育过程中，法治意识、法治思维、法治能力相互影响、相互渗透，其中法治意识的树立是大学生法治观培育的起点，法治思维的养成是大学生法治观培育的重点，法治能力的提升是大学生法治观培育的根本。

1. 法治意识的树立是大学生法治观培育的起点

法国启蒙思想家卢梭说过，“一切法律之中最重要的法律既不是铭刻在大理石上，也不是铭刻在铜表上，而是铭刻在公民们的内心里。”[4]21 公民的法治意识是树立法律权威的内在支撑，法律的权威只能是来自公民内心的真诚拥护和信仰。培养大学生的法治意识就是要通过系统的法律知识的传授，帮助大学生了解中国特色社会主义法律体系，明确公民享有的基本权利与应履行的基本义务，掌握《中共中央关于全面推进依法治国若干重大问题的决定》精神，从而为自觉守法、用法、维护法律的尊严奠定坚实的基础；就是要引导大学生在头脑里树立法律至上的理念，形成尊崇法律、敬畏法律的意识，从而坚守法律底线；就是要引导大学生形成科学的法治价值观念，认同法治所蕴含的公正、平等、民主、人权等价值追求，从而指导自己的思维方式和行为方式。

2. 法治思维的养成是大学生法治观培育的重点

引导大学生养成法治思维是大学生法治观培育的重点。法治思维区别于封建社会以最高统治者“个人意志至上”“权大于法”为主要特征的人治思维，法治思维是以法治价值和法治精神为导向，运用法律原则、法律规则、法律方法观察、思考、分析和解决现实问题的一种思维方式。引导大学生养成法治思维要求大学生在掌握法律知识基础上，知悉法律所规定的既定规则，将“是否符合法律规则”作为思考问题的出发点。帮助大学生明确可为的合法行为、不可为的违法行为以及如何为的正当程序，将法律规则作为自身活动的基本行为准则，确保始终在法律许可的范围内活动。还要使大学生对法律充满敬畏之心，在解决现实社会中的问题与纠纷时，要善于运用法治思维，形成办事依法、遇事找法、解决问题用法、化解矛盾靠法的良好法治思维定式。总之，培养大学生的法治思维，就是要帮助学生将法治理念根植于心，在思维抉择上以法治为准绳，从而自觉维护法治社会的规则底线。

3. 法治能力的提升是大学生法治观培育的根本

法治能力,是指个体能够运用法治思维处理和解决问题的行为条件。提高当代大学生的法治能力,一方面旨在帮助大学生进一步消除"自认倒霉"的心理,提高用法处理纠纷、解决问题、维护自身合法权益的能力。当自身的合法权益受到侵害或威胁时,既要有遇事找法而不是"找熟人"的意识,又要掌握维护权利的途径和手段,如协商、和解、调解、仲裁、诉讼等。另一方面提高大学生运用法律维护社会利益的能力。大学生除了要运用法律维护自身利益外,还要善于通过法律途径维护社会利益,敢于揭露、勇于抵制违法犯罪行为,消除袖手旁观、畏缩不前的恐惧心理,抵制遇事回避、视而不见的胆怯现象,做新时代的守法人、护法人。如面对跌倒的老人,大学生要大胆伸出援助之手,一旦被讹诈,要善于运用《民法典》为自己"撑腰",从而弘扬扶危济困、见义勇为的社会风气。

三、大学生法治观培育的现实路径

大学生法治观培育是一项艰巨复杂且需要持之以恒的系统工程,高校必须强化法治教育的使命感和责任感,从融入课堂教学、注重文化熏染、强化社会实践等多方面入手,全面有效地加以推进。

1. 融入课堂教学

课堂教学是大学生获取法律知识、树立法治意识、养成法治思维的重要途径。其一,发挥思想政治理论课的主渠道作用。高校要按照习近平总书记提出的"八个相统一"原则加强对思想政治理论课的改革创新,推进习近平法治思想"进教材、进课堂、进学生头脑",使学生了解和掌握中国特色社会主义法治体系的基本范畴和基本规范,进而坚定中国特色社会主义法治道路自信,成为社会主义法治的忠实崇尚者、自觉遵守者、坚定捍卫者。要积极回应大学生关注的重大法治事件、重大法治理论与现实问题,通过案例教学、讨论互动、情景模拟等方式,使学生在思想碰撞中深入理解法治所蕴含的理念、精神,进一步增强法治教育的实效性。其二,发挥课程思政的覆盖作用。要充分挖掘专业课中蕴含的法治教育资源,将法治教育与专业教育有机结合起来,使学生在接受专业知识、培育专业技能的过程中养成规则意识、强化法治精神、坚定法治信仰和社会责任感,实现课程思政与思政课程同向同行、同频共振,形成协同育人的联动效应。其三,发挥法学学科资源的引领作用。要充分调动法学专业教师实施法治教育的积极性,结合大学生知识结构特点和成长发展规律,通过开设法律类通识课、公共选修课、专题讲座等形式，拓宽大学生获取法律知识的途径，提高大学生依法维权的能力，促进大学生健康成长和全面发展。

2. 注重文化熏染

校园文化是培育大学生法治观的沃土。加强校园法治文化建设，注重法治文化熏陶，可以在校园内形成尊法、守法、用法的氛围，进而潜移默化地引发大学生情感上的共鸣，让法治精神在大学生心中落地生根、开花结果。其一，广泛开展法治宣传教育活动。充分利用校园内的雕塑、壁画、宣传橱窗等物质环境，将法治文化内容融入其中，使学生在校园内的每个角落都可以感受到法治文化的气息，进而在潜移默化中领悟法治真谛，从而形成法治观。充分利用校报、校园广播、新兴媒体等载体，广泛宣传大学生中遵守校纪校规、法律法规的先进典范，发挥其可亲、可敬、可信、可学的示范带动作用。及时报道校园内外的法治热点事件，运用法治思维进行深入分析，引导大学生辨别是非、把握事物本质，树立正确舆论导向。其二，推进法治文化主题活动。以学生社团为主体，开展形式多样的法治文化主题活动，打造法治文化宣传教育活动品牌，使学生在参与中树立法治精神。例如，以国家宪法日为契机，开展国家宪法日主题教育活动，组织大学生学习宪法知识，树立宪法权威，弘扬宪法精神，履行宪法使命。开展远离校园贷主题教育活动，通过大学生校园贷的真实案例剖析校园贷的本质，提升大学生对校园贷的识别、防范意识。

3. 强化社会实践

社会实践是大学生法治观培育的根本途径，是固化大学生法治思维、提高大学生法治能力的关键环节。其一，拓展法治教育实践渠道。各高校应结合自身实际开展形式多样的法治实践活动，例如鼓励学生深入社区开展法治主题宣传活动，用群众喜闻乐见的语言和形式宣讲习近平法治思想，推动习近平法治思想在基层落地生根；组织学生开展法治社会调查，倾听普通群众的心声，了解当前法治中国建设的实际进展以及存在的问题；引导学生开设模拟法庭，使学生在参与、观摩模拟法庭审判活动中增强遵纪守法、践行法治观的意识、责任和能力。其二，加强与实践部门的交流合作。习近平总书记指出"'大思政课'我们要善用之，一定要跟现实结合起来"[5]。"大思政课"意味着要打破学校与社会的界限，促进"思政小课堂"与"社会大课堂"相衔接。例如，邀请知名法官、检察官以及律师为学生做专题讲座，开阔大学生的法治视野；与其他部门联合组织法律知识竞赛、社会热点问题辩论赛等活动，提高大学生运用法治思维解决现实问题的能力。

（吴斌，武汉传媒学院人文与艺术学院党总支部副书记）

参考文献

[1]中共中央文献研究室. 习近平关于社会主义政治建设论述摘编[M]. 北京:中央文献出版社,2017.

[2][3]中共中央文献研究室. 十八大以来重要文献选编(中)[M]. 北京:中央文献出版社,2016.

[4]卢梭. 社会契约论[M]. 何兆武,译. 北京:商务印书馆,1980.

[5]"'大思政课'我们要善用之"(微镜头·习近平总书记两会"下团组"·两会现场观察)[N]. 人民日报,2021-03-07(1).

话语视角下大学生思想政治教育逆反心理的特征及疏导

◈ 朱 雁 朱煊宇

摘要：基于话语分析的视域，思想政治教育本质上是一个通过对话进行说服，促成教育对象达成对思想观念、政治观点、道德规范的再生产和关于世界的价值意义生成的过程。思想政治教育中经常遭遇的大学生逆反心理在话语视角下主要表现为三种形式，即对话语主体的逆反、对话语内容的逆反和对话语形式的逆反。要减少大学生思想政治教育逆反心理，可以从提升话语主体的思想政治教育话语能力、优化整合思想政治教育话语内容、改进思想政治教育话语表达方式等几个方面着力。

关键词：话语；大学生；思想政治教育；逆反心理；疏导

语言是人们交往的主要工具，话语则是教育过程中的核心要素和重要载体。思想政治教育是以“说理”为主要实践形式的教育活动，话语是其得以实施的中介，可以说，话语的局限，就是思想政治教育的局限[1]1。在教育实践中，思想政治教育工作者经常会遭遇一些大学生的逆反心理，这种逆反在某种意义上也可以说是对思想政治教育话语的逆反。基于话语视角分析以疏导大学生思想政治教育逆反心理，是提高思想政治教育实效性的一个重要切入点。

一、对话、说服以及意义的生成：对思想政治教育本质的再认识

学界对“话语”这一概念的解读定义经历了漫长的发展过程，至今尚未形成定论。它通常是指人在特定的情境中具有目的性的一种具体的言语行为，呈现为主体通过一种符号、词汇和语法组成的规则系统以及由此形成的语句，对事物进行陈述、阐释和推理的过程，是人类传递信息的主要载体。

自 20 世纪 50 年代开始的哲学的“语言转向”，在很大程度上也影响了社会科学

的发展。很多研究者日益认识到,哲学上的一些基本问题,如思维和意识等,本质上都是语言问题。作为人类创造出来的特有的符号系统,语言不仅是人类的主要交流工具,还是人类的思维中介,它使人类社会经验的保留和传递成为可能。人们通过语言提炼观点、表达思想、进行教育活动,促进人类的心理和认识不断向前发展。学界对话语的考察分析,不仅在微观上注重话语的形式和结构特征,在中观上关注人们如何在具体的语境中通过话语完成特定的交际任务,更在宏观上强调话语背后所隐含的权力关系和意识形态建构功能。它是一个创造意义的过程——人们不仅通过它来建构社会身份、社会关系和社会现实,而且通过它来建构、维持和颠覆特定的现实、权势关系以及信念和价值观。因此,话语不仅是一种语言运用及社会互动的特定形式,更是一个多元综合的关于意识形态再生产的实践概念[2]。正是在这个意义上,话语实践成为意识形态建构与斗争的一个重要方式。

思想政治教育是一种符号性非常鲜明、指向性极为明确、意识形态性极其显著的教育实践活动。它在实践形式上,主要表现为教育者运用思想政治教育话语与教育对象进行对话交往、说理沟通,使之形成符合社会需要的思想道德观念和政治观念的活动。从话语的视域,可以说思想政治教育本质上是一种通过对话进行说服,在教育对象心中促成思想观念和价值意义生成的过程。这一过程包括话语主体、话语客体、话语对象、话语内容、话语方式等多个基本要素,其中,话语主体、话语内容和话语方式是影响话语效果的几个重要维度。

二、话语视角下大学生思想政治教育逆反心理的特征表现

基于话语的视角,大学生对思想政治教育的逆反心理,可以被理解为大学生在话语主体进行思想政治教育话语表达和建构的过程中,所产生的与话语主体所传达的社会主导价值规范相抵触、与话语主体期望目标相背离或与常规反应相逆向的情绪情感体验和态度行为倾向,是认知、情绪和行为倾向三者的有机统一。这种逆反,具体表现为对话语主体的逆反、对话语内容的逆反和对话语方式的逆反等几种形式。

1. 对思想政治教育话语主体的逆反

在话语分析的视域中,话语主体即话语的言说者,也就是话语信息的传播者;话语客体即话语的倾听者,亦即话语信息的接收者。二者对立统一,且应可相互转化。传统的大学生思想政治教育话语主体主要被理解为教育者,由党政工作者、思政课教师、辅导员等高校思想政治教育工作者组成,具有身份的在上性、言说的单向性、话语的权

威性、灌输的主导性等特征。随着信息技术的迅猛发展和信息传播方式的更新融合,网络成为大学生生活学习的重要组成部分和获取信息的重要渠道,大学生思想政治教育话语场域由现实向网络延伸,话语主体由高校思想政治教育工作者单一主体向现实与网络中各种新媒体、自媒体以及各群体的意见领袖或意见代表等多元主体转变,由同质向异质迭变。在网络与社会现实的双向深度嵌入下,传统的大学生思想政治教育话语主体受到来自社会和网络各群体的冲击和挑战。这种变化必然引起话语主导的变化,而话语主导的变化本质上是对话语主体话语权威的解构。高校思想政治教育主体的单一单向权威向各群体的意见领袖或代表下移分散,进而出现多元主体的话语权分配格局。在思想政治教育话语的传播过程中,传统的高校思想政治教育话语主体不再具有绝对的中心地位和权威性;在网络上活跃的各种新兴话语主体与传统大学生思想政治教育话语主体共存共生且获得日益突出的话语权,并以其身份的平等性、言说的双向性、话语的标新性和交流的互动性等特征更容易获得青年大学生的认同。同时,作为话语客体的大学生逐渐追求向话语主体的逆袭和转化。传统大学生思想政治教育主体的去中心化和去权威性,青年大学生对网络的天然偏爱以及所处年龄段追求自由个性、渴望独立思考、反抗权威灌输的身心发展特征,以及部分教育者的不良、不当及与言说不一致的行为表现,导致部分大学生在一定程度上对传统的高校思想政治教育话语主体产生认知上的偏见与否定、情绪上的冷漠及反感、行为上的远离甚至逆向。

2. 对思想政治教育话语内容的逆反

思想政治教育话语,指广大思想政治教育工作者在中国共产党领导下,以马克思主义理论为指导,在长期的思想政治教育理论与实践过程中提炼和建构起来的术语符号、价值意义与言说方式的总和[3]。它在内容上主要包括灌输话语、思想政治话语(意识形态话语)、政治思想话语、宣传话语、说服话语等[4]59。其中,灌输话语带有较强的目的性、命令性和强制性特征;思想政治话语和政治思想话语主要涉及意识形态、观念、价值、信仰等领域,具有内容的政治性和思想性、符号的特殊性、内涵的深刻性等特征。三者在口头陈述和文本表达上往往具有高度的意识形态性、理论性、抽象性、系统性、纵深性等特点,这导致大学生在认识理解上有一定的难度。宣传话语强调简洁、易懂、上口,具有较强的针对性和号召力,但如果把握不好则容易失之于空洞化、标语化和口号化。说服话语旨在以理服人,而非以命令压服学生,是思想政治教育中最难以把握的话语内容,如果缺乏恰当的方法、动人的情感、充分的理由,往往难以达到说服的目的,甚至会适得其反。总而言之,思想政治教育话语是一个庞大繁复的话语系统,因其知识结构的复杂性和内容体系的抽象性而与大学生的现实生活实际存在一定的距离,容易让大学生感到遥远、艰深、枯燥、难懂,同时觉得与自己的实际生活无关。并且,青年大学生在认知图式上偏好可亲、简单、生动、直观、形象等特征等,这些都容易在一定程度上导致部分大学生对思想政治教育话语内容的逆反,出现学习倾听的动力不足、积极性不高、注意力难以维持、难度增大、效果不佳等问题,这些问题反过来又会加剧大学生对思想政治教育的逆反。

3. 对思想政治教育话语形式的逆反

学界一般将思想政治教育话语形式分为文本话语和实践话语两种。文本话语主要包括思想政治教育教材体系话语(教材话语)和学科理论体系话语(理论话语)。教材话语具有历时性和即时性特征,兼具时代性、活力性和多样性。理论话语的核心是学术话语,具有较高的学理性、超前性、稳定性和系统性。可以从宏观和微观两个层面来分析实践话语。学校思想政治教育话语是宏观实践话语中的一个重要类型,它的一个重要特性就是融合了大量的包括教学话语、社团话语、学生流行话语、公寓话语等在内的校园话语。研究者通常将人的内心世界、微观实践领域、网络虚拟世界作为微观实践话语运用的三个维度。在思想政治教育实践中,应综合分析、运用、融合多种话语形式。如果拘泥于教材话语和理论话语的阐释与讲授,忽视对校园话语的分析梳理和扬弃借鉴,就容易使思想政治教育话语与学生相隔离,不接地气;如果忽视日常生活话语和大众话语在思想政治教育中的重要作用,就容易使思想政治教育脱离生活实践,使之变成高高在上的训令;如果忽视对大学生内心世界的探求,轻视对实践教学领域的探索,漠视网络话语的更新流变,思想政治教育话语就会局限于理论与教材的茧房,脱离学生内心、脱离生活实际、脱离实践回塑,变得空洞、漂浮、虚无,削弱大学生对话语信息的接受与理解,甚至会造成大学生对思想政治教育的逆反和抗拒。

要注意的是,在思想政治教育中,大学生产生了逆反心理不一定就是坏事,如果对其正确思考分析、合理灵活应对,反而可能成为有利的教育时机和鲜活的教育资源。不回避、不绕开,也不压制、不强堵,而是在教育观念上转换思路,善加引导,可以对大学生进行有效疏导。

三、基于话语视角的大学生思想政治教育逆反心理疏导策略

1. 提升话语主体的思想政治教育话语能力

思想政治教育话语能力指话语主体掌握思想政治教育话语符号、整合思想政治教

育话语信息、运用思想政治教育话语机会，与受教育者进行对话，达成说服并促成其完成社会要求的政治观点、思想观念和道德规范的再生产和意义生成并外化为行为实践的能力。这种能力具体可细分为对我国思想政治教育话语符号系统的认识、运用能力，对思想政治教育话语时机的把握和利用能力，对思想政治教育话语的口头和书面表达能力，对思想政治教育意义的生成和建构能力，以及对思想政治教育话语的透视研究能力等等[5]。话语主体要能够深入理解、熟练掌握、系统整合思想政治教育话语体系，使自己的说理尽可能的清晰、准确、透彻；要深入领会把握启发诱导、及时施教、动态发展等原则，及时敏锐地捕捉和利用话语时机，并且有准备有策略地创设话语时机，使自己的说理及时、贴切、具有针对性；要能够熟练驾驭口头和书面的表达和沟通，提高说话的艺术和对话的技巧；要引导大学生参与讨论，积极主动地进行思考和表达，促进学生通过辩证思考、对话协商和理性取舍达成共识；要提高对思想政治教育话语的透析能力，积极关注大学生群体的话语热点，深入分析各种对大学生影响较大的话语变化点的社会背景和内在原因，深入把握大学生的心理特点。此外，话语主体还要做到自身行为与话语的一致，以此提高话语主体的说服力、亲和力和感染力，降低大学生对思想政治教育话语主体的逆反，增强其对思想政治教育的认同。

2. 优化整合思想政治教育话语内容

第一，正确运用灌输话语。灌输在中外教育中都是一种历史悠久的传统，更是一种非常重要且必要的思想政治教育方式。思想政治教育灌输话语指话语主体围绕明确的思想政治教育目的，对受教育者阐述、推理、输送某种思想观念等所使用的语言符号系统。要明确灌输话语的目的，增强灌输话语的穿透力和渗透力，在适当的情景正确采用命令式、强制式、协商式、辩论式语句，减少大学生的逆反心理。第二，创新运用思想政治话语和政治思想话语。这两种话语具有鲜明的意识形态特征和思想价值特征，应该系统深入认识和打造这两种话语的新样态、新概念、新范畴、新表述，同时注重利用无意注意接受和隐性教育的优势，减少大学生的逆反心理。第三，合理使用宣传话语。要充分把握宣传话语的形式特征和直观特色，增强宣传话语的时效性、简洁性、通俗性、易懂性、直观性、互动性，减少大学生的逆反心理。第四，灵活运用说服话语。要注重对语境的理解分析，结合话语的时机、场合、氛围和对象的个性特点进行说服；要注重以情动人，运用生动活泼、亲和无间、潜移默化的语句来说服，增强说服话语的感染力和共情力；要注重以理服人，以真理、逻辑、理论、事实的力量来增强说服话语的实际效果，减少大学生的逆反心理。

3. 改进思想政治教育话语表达方式

话语主体应在全面、系统、深入理解和熟练运用思想政治教育话语体系的基础上，运用恰当的话语表达方式,促进文本话语和实践话语的融合转化,灵活进行核心话语与时代话语、学术话语与大众话语、集体话语与个体话语、经典话语与生活话语的衔接与转换,尤其要注重对大学生内心世界的探微、注重对实践教学的探索、注重对网络虚拟世界秩序和规则的探究,推动思想政治教育话语的与时俱进,达成对大学生内心世界的贴合共振,不断增强思想政治教育的针对性和亲和力,不断提升大学生思想政治教育的获得感,从而有效疏导大学生思想政治教育的逆反心理。

(朱雁,武汉传媒学院思想政治理论课部副编审;朱煊宇,湖北省黄冈市英山县南河镇中心小学教师)

参考文献

[1]吴琼.思想政治教育话语发展研究[M].北京:中国社会科学出版社,2017.

[2][5]朱雁.高校辅导员思想政治教育话语能力探究[J].高校辅导员学刊,2017,9(6):12-16.

[3]李辽宁.论中国特色思想政治教育话语体系的传承与创新[J].学校党建与思想教育,2013(4):30-32.

[4]邱仁富.思想政治教育话语论[M].上海:上海交通大学出版社,2013.

红色旅游思想政治教育功能路径研究

◈王 雪

摘要：红色旅游资源所承载的红色文化，是进行思想政治教育生动形象的鲜活教材，使游客能够近距离受到红色精神的熏陶。当前，红色旅游区存在红色精神缺乏深度发掘、开发模式相对落后、缺乏专业人才、游客类型没有细分等现实问题。我们应从开发红色旅游区遵循的原则入手，宣传红色精神，创新红色旅游的开发模式，提高红色旅游从业人员思想政治理论素质，细化红色旅游对象，从而发挥红色旅游的思想政治教育功能。

关键词：红色旅游；思想政治教育功能；路径

思想政治教育是党和国家一切工作的政治生命线，是民族和国家的精神支柱。红色旅游资源集爱国主义教育、理想信念教育和社会道德教育于一体，是进行思想政治教育的有效载体。习近平总书记多次强调“要把红色资源利用好、把红色传统发扬好、把红色基因传承好”[1]。国家领导人多次到革命老区、开发红色旅游资源的地区进行考察，出席重大革命事件纪念活动并发表了系列讲话，深刻阐明了要充分利用红色旅游资源来传承红色革命精神，发挥红色旅游的思想政治教育功能。

一、红色旅游具有思想政治教育功能

1. 红色旅游具有政治功能

红色旅游资源产生自战争年代，留下的革命遗址和革命故事是生动鲜活的政治文化资源，蕴含党的政治理念和政治思想。在游览中，游客可以近距离地感受战争年代中国共产党艰苦奋斗的革命精神，无形中受到教育启发，从而增强自身对党的崇敬、信任与支持。当今，资本主义国家用各种方式诋毁党和国家的形象，红色旅游区明明白白地记载着党领导中国人民奋斗的历程，正是对西方国家的有力反击。

2.红色旅游具有教育功能

红色旅游区是一个涉及德、智、体、美、劳的生动课堂,是天然的社会教育资源。其具有的教育功能表现在三个方面:一是凝聚思想的教育功能,红色旅游凝聚的锐意进取、精忠报国、自强不息等思想内涵,是各个时期人民的思想旗帜,它指引正确的奋斗方向。二是具有引领价值的教育功能,红色旅游中记载的烈士和英雄的事迹可以让游客不自觉地受到先进人物价值观念的熏陶,有助于形成正确的价值观念。三是道德激励的教育功能,红色旅游资源承载着中华儿女艰苦奋斗的优良传统美德,它提高了社会成员的精神动力,有助于思想品德的良性发展[2]。

二、红色旅游思想政治教育功能实现中存在的主要问题

近年来,红色旅游呈现出一派生机勃勃景象,吸引了众多国内外游客,其思想政治教育功能得到了一定程度的发挥,但仍存在着亟须解决的诸多问题。

1.红色旅游区的红色精神缺乏深度发掘

红色旅游区的红色精神是红色旅游思想政治教育功能的核心要素。马克思主义传入中国促进了红色精神的诞生。最早的红色精神是“五四”运动中形成的“五四精神”,即“爱国、进步、民主、科学”,其中爱国是核心精神。中国共产党成立以后,红色精神的内涵逐渐丰富起来,包括中华人民共和国成立以前的革命精神,中华人民共和国成立后的建设精神、改革开放精神、创业精神等,但爱国精神始终是红色精神的核心内容。红色精神蕴含着中国共产党为了实现共产主义伟大理想为而之奋斗的价值追求,代表了中国共产党始终坚持为人民服务的崇高理想和自强不息的优良传统,是党进行先进性教育和百姓理想信念教育的重要资源,是中国在内忧外患的多重压力下迈向强国的动力和源泉。单纯地了解红色精神包括什么,是不能传承和发扬它的优秀内涵的,必须发掘红色精神的深层次含义。红色旅游资源作为红色精神的重要载体,是挖掘红色精神的重要切入点。但是从目前的发展看,这些精神的政治意义和教育意义都没有得到充分的体现。从主观上看,人们去参观革命遗址和纪念馆,很多情况下只注重形式,不是为了消磨和打发无聊时间,就是为了完成上级交代的任务;很多时候讲解人员只负责把内容说出来,从不去和参观者互动与探讨;在观看红色影片时,只是为了娱乐,并没有考虑影片传递的政治价值与教育价值。从客观上看,革命文物的开发与保护不够规范,红色品牌不够突出,整体氛围没有体现出浓郁的红色风情,这些都会影响游客对红色景区的参观体验,导致红色精神不能被深度挖掘。

2. 红色旅游区开发模式相对落后

红色旅游资源要想实现自身思想政治教育功能必须要拥有一个良好的外部环境。然而，大部分革命老区处于偏远地区，基础设施建设不太完善，这在很大程度上限制了红色旅游的发展，影响其思想政治教育功能的发挥。由于革命时期形势所逼，大部分红色旅游资源分布在井冈山这类位置偏僻、经济不发达的地方，这些地方虽然拥有丰富的红色旅游资源和优美的自然资源，但差的区位条件降低了游客参观的积极性。在这种不好的区位条件下，如果仅仅通过纪念馆和博物馆等方式去陈列、展示红色物品，就过于呆板，不能满足游客的需求。红色旅游区的经营体制保守，是单一的政府经营模式，民营企业与外资企业几乎没有参与，导致红色旅游发展灵活性不足、市场性欠缺和资金缺乏。红色旅游项目缺乏创新，红色旅游的传统形式是纪念馆和博物馆展览、故居参观、文物欣赏、文字讲解、图片展览，游览方式大多雷同，经营方式大多粗放低级。

3. 红色旅游区缺乏专业人才

"人才是第一资源"[3]，是发展旅游业最重要的一环，红色旅游亦是如此。对旅游人力资源调查研究发现，红色旅游专业人才供应不足，严重制约了红色旅游的快速发展。红色旅游专业人才缺乏主要是有两个方面的原因，一是从事红色旅游人数少，旅游专业学生毕业后大部分选择与旅游无关的行业，从事红色旅游行业的更是少之又少；二是从事红色旅游的人员马克思主义理论素养普遍比较低。从事红色旅游的人员，在一定意义上是马克思主义理论的传播者，这些人员的言谈举止和讲解内容很大程度上影响游客的参观体验，但是，一些红色旅游从业者知识储备不完善，仅仅熟悉旅游相关知识，没有掌握红色旅游区的革命历史、革命背景、革命精神等，在解说过程中难免会出现张冠李戴和颠倒是非，影响红色旅游思想政治教育功能的发挥。

4. 红色旅游区游客类型没有细分

新时代下，由于接受红色旅游区思想政治教育熏陶的游客来自五湖四海，他们出生的年代不同，文化程度不同，从事的工作也不同，因此他们拥有不同的世界观、人生观、价值观，对红色旅游区思想政治教育的实际需求程度和接受程度有明显的差异。红色旅游区游客所呈现出的多样性和层次性，给红色旅游区推进思想政治教育的从业者带来了更大的挑战。比如，从战争年代走过来的人切身体会到幸福生活的来之不易，熟悉红色精神和红色文化的发展过程，他们之中，许多是公务员或党员，经常学习马克思主义理论，认真贯彻国家方针路线，感受到国家革命时期的光辉岁月，他们思想觉悟高,主动承担社会责任,具有坚定的共产主义理想,自觉传播红色精神和红色文化。与此相反,90后与00后出生在一个没有战争、没有饥荒,经济水平极大提高的和平年代,他们没有经历过战争年代的血雨腥风,没有经历过吃不饱穿不暖的困难时期,不能体会战争年代革命先烈为争取民族独立、人民解放的迫切心情,所以不能深刻体会红色旅游景区所包含的红色精神。

三、红色旅游思想政治教育功能的实现路径

认清红色旅游发展过程中存在的问题,有利于更好地发挥其思想政治教育功能。因此,必须采取一些措施解决红色旅游发展中存在的问题。

1.遵循红色旅游区开发原则,实现思想政治教育功能

一方面,以习近平新时代中国特色社会主义思想为指导原则。“没有革命的理论,就不会有革命的运动”[4]311,红色旅游的良好发展离不开正确理论的指导,习近平新时代中国特色社会主义思想作为马克思主义中国化最新理论成果,是适合我国发展的科学理论,自然而然能指导红色旅游良好发展。另一方面,红色旅游的发展体现时代性原则。体现时代性就是红色旅游的思想政治教育功能要与时俱进,以革命年代红色历史和马克思主义精神为基础,解决当代红色旅游发展问题。红色旅游不能仅限于游客对革命历史和革命精神的了解,必须体现中华人民共和国成立后呈现的一系列精神,如大庆精神、抗洪精神、载人航天精神、抗击疫情精神等,这些精神是在当代大部分中国人的见证下出现的,因此,把这些精神融入红色旅游中更能引起共鸣。

2.通过宣传红色精神实现思想政治教育功能

通过红色文化宣传红色精神。红色文化是实现红色旅游思想政治教育功能的内在要素,传承红色文化,一方面挖掘红色文化精神内涵,这可以通过对红色资源进行文化包装来实现。红色资源是革命时期留下的具有爱国教育意义的资源,既有利于人们坚定政治立场,又可以提升人们的艺术与文化水平,如根据革命英雄事迹改编的《武昌起义》《党的儿女》等影视作品都成了百姓喜欢的作品,在社会上产生了积极影响,所以可以在影视作品方面继续进行积极探索。另一方面,通过举办各种各样的红色旅游活动,实现红色旅游思想政治教育功能。在重大革命事件纪念日,旅游部门和文化部门可以联合创作通俗易懂的、百姓喜欢的红色经典作品,并及时进行宣传。

通过红色旅游解说宣传红色精神。红色旅游的解说不同于绘声绘色的自然景观的讲解,也不同于引用典故的人文景观的讲解。其解说的内容主要是革命英雄事迹与

革命历史事件，这是宣传爱国主义精神的重要方式，具有很强的教育意义。我们一定要合理运用好红色旅游解说，严肃性中掺杂趣味性。革命英雄和革命事迹富含满满的正能量，在讲解时，一定要认真客观，不虚构和杜撰。旅游毕竟是一项放松心情的娱乐活动，所以在解说某些历史片段时，可以适当用有趣的词语、生动的语调吸引游客的注意力，不知不觉中发挥红色旅游的思想政治教育功能。

3. 创新红色旅游的开发模式，实现思想政治教育功能

红色旅游是实现思想政治教育功能的有效载体，创新红色旅游的开发模式可以更大程度地实现思想政治教育功能。

以政府为主导，创新红色旅游实现机制。“在中国特色社会主义新时代，要发挥革命文化、红色资源、红色经典和红色遗产的当代价值，必须加快全面深化文化体制机制改革”[5]。第一，加强政府主导作用。红色旅游是一项具有政治意义的活动，从起步到发展一直受到国家和政府的高度重视。必须发挥政府的主导作用，对其进行正确引导和监管，发挥红色旅游的思想政治教育功能。同时，进一步明确旅发委各个部门的职责，根据各个地区红色旅游实际情况，设立专门的红色旅游部门，制定红色旅游法规。第二，创新经营管理机制。随着全球一体化的不断深入，旧的旅游经营管理体制和观念已经不能充分发挥革命文化、红色精神的时代作用，必须对管理体制进行创新。红色旅游是政府主导，但并不是一切都要政府做主，而是在政府的宏观指导下，充分发挥社会各方的力量，建立现代企业红色旅游经营机制，积极引进企业和社会资本进入红色旅游业，在恢复和开发红色旅游资源的实践方面，给企业一定的主动权，特别是那些拥有恢复和开发红色资源能力的科研机构或企业。第三，建立区域协调发展机制。国家红色旅游资源丰富，各地发展热情十分高涨，但红色产品雷同，在市场宣传促销等方面缺乏协调沟通。各地区可以通过共同发展方式和突破省域界限协调发展方式来整合旅游资源，避免各自为政的恶性竞争，打造红色旅游新形象，实现思想政治教育新合力。

创新红色旅游项目，开发红色领跑型旅游产品是提高游客旅游质量的重要途径，这有利于更好地进行思想政治教育。红色旅游的传统项目是纪念馆和博物馆展览、参观故居、文物欣赏、文字讲解、图片展览等，这些静态式的旅游项目对游客的吸引力越来越小。要想提高红色旅游的影响力，必须创新红色旅游项目。一方面，以科技创新为动力，依靠动漫制造技术、网络技术、智能计算机等高新科技弥补传统旅游项目的不足，加快红色旅游产业与其他产业的融合。另一方面，打造红色旅游产业区，产业区集教育、休闲、生产、交易、居住为一体，同时邀请企业加入，吸引更多资金和人才，扩大红

色旅游区的知名度。

4.提高红色旅游从业人员思想政治理论素质

“办好中国的事情,关键在党,关键在人”[6]106,“人的素质是以人的先天禀赋为基质,在后天环境和教育影响下形成并发展起来的内在的、相对稳定的身心组织结构及其质量水平”[7]。所以,实现红色旅游的思想政治教育功能,需要提升红色旅游从业者的思想政治理论素质。红色旅游从业人员是发挥红色旅游思想政治教育功能的主体,包括景区内各层级工作人员和相关政府人员,他们是游客了解景区的重要途径,因此,需要提高红色旅游从业人员的思想政治理论素质。提高院校培养人才的实用性,各个高校旅游相关专业可以进行课程改革或者专业改革,增设红色课程和思想政治理论课程,增加有关红色旅游方向的专业。开设思想政治教育理论班,经常邀请思想政治教育理论专家给红色旅游从业人员讲解中国革命史、中国共产党的发展史、马克思主义发展史等有关思想政治理论教育的课程。

5.通过细分红色旅游游客实现思想政治教育功能

红色旅游区应该细分游客,讲解内容不应该“一刀切、一概而论”[8],要针对游客的差异性,从年龄、职业类型、受教育程度和收入水平四个方面对游客进行细分[9]。首先,从年龄因素上看,广大青少年学生处于成长的关键时期,应该对其进行艰苦奋斗与爱国主义教育,可以引导学生前往爱国主义教育基地学习参观,培养其正确的三观,增强其社会责任感。同时,青少年精力充沛、活泼好动,所以,红色旅游区可以适当建设娱乐设施,这样既能学习革命优良传统,又能放松身心,做到劳逸结合。其次,从职业类型方面看,广大工人阶级和农民旅游的目的是休闲娱乐,应推荐以绿色旅游为主、红色旅游为辅的旅游路线。公务型游客红色旅游的目的是忆苦思甜与反腐倡廉,应推荐以烈士陵园、纪念馆为主的旅游路线,进行革命体验教育,通过重走红军路、唱红军歌、穿红军衣、吃红军饭等活动,切实感受红军的艰苦奋斗,加强为民服务和清正廉洁的意识。再次,从受教育程度上看,受教育程度高的人红色旅游的目的是学习革命历史知识,应该推荐以博物馆和纪念馆为主的旅游路线,同时红色旅游相关人员也可以多介绍红色革命文化。受教育程度较低的人可能不太注重红色文化知识的高低,应该推荐以休闲娱乐功能为主、红色教育功能为辅的旅游路线。最后,从收入水平上看,收入水平高的游客对红色旅游地的基础设施和服务要求高,如果交通不便、住宿环境不好、服务水平低下,这些游客一般不会来旅游,对此类游客应该推荐比较成熟的红色旅游景区。普通收入游客考虑性价比,对吃、住和服务的要求相对较低,渴望用最少的钱游览更多的地方,对这类游客应该推荐旅游景点较多的旅游路线。

红色旅游资源是马克思主义理论与中国革命实践相结合的产物，是党领导人民建立中华人民共和国的伟大见证，是中国革命史的活化石，是丰富我国社会主义文化建设的重要组成部分，是思想政治教育的生动载体，是广大人民群众接受思想政治教育的重要渠道，必须针对实际情况，研究使红色旅游最大程度地发挥思想政治教育功能的对策。

（王雪，武汉传媒学院思想政治理论课部教师）

参考文献

［1］周金堂. 把红色资源红色传统红色基因利用好发扬好传承好［J］. 党建研究，2017(5).

［2］黄璐瑶. 广州红色旅游教育功能实现研究［D］. 广州：华南理工大学，2019.

［3］习近平李克强栗战书汪洋王沪宁赵乐际韩正分别参加全国人大会议一些代表团审议［N］. 人民日报，2018-03-08(1).

［4］列宁选集：第 2 卷［M］. 北京：人民出版社，1995.

［5］潘慧芳. 改革新征程：十八届三中全会精神学生读本［M］. 北京：人民出版社，2014.

［6］邓小平文选：第 3 卷［M］. 北京：人民出版社，1993.

［7］于彭波. 从市场经济和知识经济看复合型人才的重要性［J］. 才智，2016(10).

［8］张武. 古田红色旅游与思想政治教育价值实现研究［D］. 南昌：江西财经大学，2016.

［9］陈健. 红色旅游思想政治教育功能的创新研究［D］. 武汉：华中师范大学，2016.

红色基因融入大学生思想政治教育的路径分析

◈张 婕

摘要：红色基因传承与大学生思想政治教育的深度融合，是实现新时代高校教育创新工作重点。将红色基因有效融入大学生思想政治教育，让红色基因融入大学生的理想信念、精神状态与综合素质之中，帮助学生早立志、立大志，在新时代新天地中大有作为。本文通过分析红色基因融入大学生思想政治教育的现实意义和现实困境，探究红色基因融入大学生思想政治教育的路径，对改善思想政治教育工作，提升大学生群体精神面貌具有现实意义。

关键词：红色基因；大学生；思想政治教育；路径分析

习近平总书记强调，“为谁培养人、培养什么人、怎样培养人”始终是教育的根本问题，要坚持党的领导，坚持马克思主义指导地位，坚持为党和人民事业服务，落实立德树人根本任务，传承红色基因[1]。红色基因是对中国共产党人坚定的理想信念、积极的精神风貌、优良的工作作风、高尚的道德情操、科学的执政理念的高度凝结概括[2]，是一代代共产党人革命精神的积淀，也是中华民族长足发展的不竭动力与精神源泉。新时代的大学生群体多为“95后”和“00后”，其具有优良的品质并呈现出良好的成长态势，但受到各种网络负面言论、思想以及文化的影响，在政治认识、全局观、身心发展等方面存在不足[3]。因此，将红色基因融入大学生思想政治教育中，围绕课程建设、文化建设、组织实践三个维度，加强大学生思想政治教育引领，提升大学生群体的政治素养，在思想洗礼和实践锻造中引导大学生坚定政治立场，弘扬爱国主义，赓续红色血脉，争做“四有”青年，投身社会主义现代化强国建设，担负起实现百年奋斗目标的重任。

一、红色基因融入大学生思想政治教育的现实意义

1. 弘扬理论文化，红色基因坚定大学生理想信念

习近平总书记指出，“青年的理想信念关乎国家未来”[4]。青年理想信念的树立离不开高校思想政治教育的深入开展与推进。当下我们正处于百年未有之大变局，全国人民勠力同心实现了全面建成小康社会的第一个百年奋斗目标，迎来向第二个百年奋斗目标迈进、全面建设社会主义现代化国家的新局面。在这种新形势下，务必要坚持在党的领导下全面开展高校思想政治教育，将红色基因彻底融入其中。红色基因中内涵丰富的先进思想理论，从中共七大正式确立“毛泽东思想”为党的指导思想到中共十五大将“邓小平理论”写入党章，从“三个代表”重要思想到科学发展观，再到中共十九大提出的马克思主义中国化最新成果“习近平新时代中国特色社会主义思想”，都是党和人民与时俱进、不断总结历史经验形成的智慧结晶。因此，必须将红色基因融入大学生思想政治教育，用党的先进理论武装青年大学生头脑，使之坚定马克思主义真理信仰，坚决拥护中国共产党的领导，争做社会主义接班人，树牢为国为民之志，立志成为投身于中国特色社会主义事业的栋梁之材。

2. 弘扬革命精神，红色基因振奋大学生精神面貌

青年群体精神面貌奋发昂扬，一个国家一个民族才有自立自强的信心和勇气。红色基因融入思想政治教育工作对于实现第二个百年奋斗目标至关重要。红色基因孕育在中国共产党长期革命斗争中，如“红岩精神”“抗战精神”“八一精神”等伟大革命精神，孕育在与时俱进的“红旗渠精神”“航天精神”“抗疫精神”等伟大斗争精神之中。红色基因中的自强不息、顽强拼搏、自力更生、锲而不舍精神通过思想政治教育潜移默化地影响着当代大学生，他们在红色革命精神的滋养下，不畏难、不怕苦，危难之中显精神，关键时刻见真章，勇担时代重担，以坚定信心、决心、恒心面对新时代的机遇和挑战，以昂扬之姿在建设社会主义现代化强国征程中矢志奋斗，以国家富强、人民幸福为己任，在实现民族复兴伟大实践中以青春之我成就青春中国。

3. 弘扬优良作风，红色基因提升大学生道德修养

大学思想政治教育的主要作用就是要在大学生成长阶段，用科学灵活的方式方法，把道理、方法、理论讲透彻，在老师的言传身教中引导和帮助学生树立正确世界观、人生观、价值观。将红色基因融入思想政治教育才能有更好的育人效果。党的优良作

风是红色基因不可或缺的重要组成部分,对红色基因起着重要的涵养作用[5]。因此,我们要将红色基因中的优良作风融入思想政治教育中,以革命光荣事迹激励后人,回忆红色足迹,深入挖掘井冈山革命根据地、沂蒙山等革命老区中老一辈革命家战斗、工作和生活的优良教育素材,同时也关注当代基层工作干部的感人事迹,如焦裕禄、孔繁森、黄文秀、黄大发等。讲好"四史",积极弘扬社会主义核心价值观教育,为大学生群体提供道德滋养,让优良作风贯穿于大学生日常言行之中,使之成为社会主义道德的引领者。

二、红色基因融入大学生思想政治教育面临的困境

1. 网络场域下不良思想对红色基因的冲击力增强

青年时期是青年明确政治立场、培养人格观念的重要阶段。随着网络时代的到来,网络社会成为当代青年成长发展的新场域、新情境,网络已经成为塑造青年行为方式和价值观念的重要力量[6]。网络是大学生获取信息的重要渠道,国内外部分群体依靠互联网隐蔽性、快捷性、多元性的特点,传播"言论自由""民权""个人利己主义"等负面的非主流价值观。而大学生价值观体系尚不成熟,缺乏鉴别判断能力,极易在各种不良舆论导向中被误导、煽动、蛊惑。人为制造的不良思想、负面舆论不断渗透大学生思想观念,抨击社会主义制度,动摇大学生的政治立场,弱化红色基因等主流价值观,这加大了思想政治教育工作的难度,使红色基因难以融入青年血液,阻碍大学生的身心健康成长。在全球文化一体化的大背景下,如果不能把红色基因传承好,就无法在全球意识形态竞争中把握主动。

2. 思想政治教师传承红色基因的专业素质有待提高

新时代青年思想政治教育工作的有效开展,在很大程度上取决于高水平的思想政治理论教师队伍,教师队伍的素质直接影响思想政治教育工作的质量[7]。思政教师的专业素养不仅包括具有坚定的理想信念、高尚的道德情操,也包括具备扎实学识,有立德树人之心。引领好大学生学习党的理论、方针、政策的大前提就是思政教师要具备过硬的专业素质。新时代思政课教师专业素养的提升,有助于引导学生成为马克思主义和中国特色社会主义建设理论的忠实信仰者、积极传播者、有力践行者[8]。但目前思政教师队伍中仍有部分教师在专业素质方面存在短板,他们政治信仰不够坚定、学术理论不够扎实、红色基因认识把握不牢靠、专业化水平和创新能力不足,也就无法担当起培养社会主义建设者和接班人的重任。大学思政教师要在政治素养、学术能力

上不断提升自身水平，既要了解最前沿的学术理论，又要加强自身对传承红色基因的认知，积极参加全国高校教师教育网络培训、党员学习培训等。只有这样，才能更好地为国家为人民培养出优秀的接班人，传承红色基因、筑牢信仰之基。由此，要顺应时代要求的变化，推进红色基因融入大学生思想政治教育，提升思想政治教师业务能力与政治素养。

3. 思想政治教育内容与形式单一

思想政治教育是高校立德树人的重要途径，以思想政治理论为课程内容，依靠教材与文本开展理论性与政治性极强的教学活动。以“95 后”“00 后”为主体的大学生群体，其伴随互联网一同成长，眼界开放，兴趣广泛，思想观念也更为多元。因此，过去以教师主讲的单向教学难以满足新一代大学生。授课内容同质化程度高，缺少新鲜感，教学形式僵化枯燥，无法提高学生的课堂参与性与积极性，刻板的教育活动导致大学生产生学习倦怠，长远来看思想政治教育的效果不尽如人意。在缺乏高质量思想政治教育素材与教学案例支撑的情况下，红色基因融入思想政治教育的效果不明显，学生不能有效吸收红色基因包含的先进理论思想、光荣优良传统、伟大革命精神与民族精神。因此，如何使传统教育焕发新活力，如何将网络自媒体应用到传统教学当中，如何将多媒体平台、“VR”虚拟仿真技术手段应用到思政课堂，以提升红色基因融入思想政治教育的实效，是重要的研究课题，高校思想政治教育应重视探索创新互动式教学模式。

三、红色基因融入大学生思想政治教育的有效路径

1. 丰富红色基因主题内容，创新思想政治教育形式，助力红色基因的课程融入

思想政治理论课应自觉将红色作为底色，从教学内容与教育形式两个层面，将红色基因的精神底蕴彻底融入思政理论课程中。首先，丰富红色基因主题教育的课程内容设置。思政教师应加强对红色文化的学习研究，将红色文化纳入相关课程专题教学，着重开展党史、新中国史、改革开放史、社会主义发展史教育，深挖红色资源“鲜活教材”，比如革命英雄事迹、红色典故、红歌红曲等，让红色基因融入大学生的理想信念、精神面貌、综合素质中，以“无我”的赤子之心报效国家。其次，红色基因的课程融入不仅需要思想政治工作者理论功底扎实，更需要我们勇于创新，借助现代网络技术，创新思想政治教育形式。在新冠肺炎疫情的大背景下，丰富线上课堂形式，打造“翻转互动课堂”，根据红色基因特定主题内容，以学生主讲为主，师生共同参与，采取红

色典故课堂情景互动、红色影视作品赏析与案例讨论等形式,打造参与式、沉浸式课堂,提升学生参与积极性,加深学生对红色基因内涵的理解,进而在生活中弘扬、传承、践行红色基因。

2. 立足网络新媒体搭建"红色基因宣传平台",加强校园文化建设

加强高校思想政治教育工作,要注重校园文化这一潜移默化的隐性教育。校园文化是大学生思想政治教育的重要组成部分,具有陶冶学生情操、启迪学生心智的根本作用[9]。当前处于信息化时代,依靠校园文化教育活动传承红色基因,应与时俱进,依靠网络新媒体搭建全方位的"红色基因宣传平台",以软文、音频、动画、情景短剧等喜闻乐见的形式传播红色基因。在校园官方网站或者抖音账号、微信公众号、微博账号中,开设主题鲜明的红色专栏。如开设红色人物访谈节目,持续挖掘学校师生传承红色精神的鲜活事例,或者采访当地的革命老兵或基层党员干部的光荣事迹;按照时间节点向学生推送历史革命事件等红色主题资讯;立足用活用好本地红色资源,策划线上红色地标展览活动;线上联合高校举办网络党史知识竞赛活动。红色宣传平台突破时空限制,能使学生利用碎片化时间巩固思想政治理论知识的同时加深对红色文化内涵的理解,持续引导广大学生群体在沉浸式的体验中传承红色基因、筑牢信仰之基。

3. 从重要时间节点入手,依托本土红色资源,创新红色教育社会实践活动

红色教育社会实践活动既是思想政治教育理论的有效应用,也是提升学生政治素养、锻造自我修养的必要手段。重要时间节点是思想政治教育的有利时机,对高校学生行为养成,往往可以起到从量变到质变的催化作用[10]。在重要时间节点举办主题鲜明的纪念活动或者社会实践活动,具有明确的思想政治教育指向性,具有显性教育和隐性教育相结合的功能特质[11],如"五四"运动爆发 100 周年、中国共产党成立 100 周年、抗美援朝纪念日、中国共产党人民代表大会的召开等重要时间点,党组织带头开展党史学习教育,号召学生党员推进班级"四史"学习工作,进社区及周边中小学开展红色教育宣讲活动;组织学生以打卡方式深入党史纪念馆、红色教育基地参观学习;引导学生通过走访老党员、老战士等方式深化对百年党史的理解;通过观演、观展、观影等活动,开展线上线下相结合的教学类实践活动,引导学生体验革命传统和革命精神。将红色基因潜移默化融入社会服务类实践活动,组织师生参与卫生防疫、红色公益等社会志愿服务,引导学生做好大学生"三下乡""我为师生办实事"等系列实践活动。抓住重大活动的有利时机,依托本土红色资源,组织高校学生积极参与形式多样的实

践活动，让大学生深刻理解红色基因的时代价值和丰富内涵，增强认同感，勇于担当，以实际行动促进社会进步。

（张婕，武汉传媒学院思想政治理论课部教师）

参考文献

[1]习近平在中国人民大学考察时强调：坚持党的领导 传承红色基因 扎根中国大地 走出一条建设中国特色世界一流大学新路[N]. 人民日报，2022-04-26（1）.

[2]臧博文. 红色基因融入大学生思想政治教育对策探究[D/OL]. 西安：西安理工大学，2021：9. https://kns.cnki.net/kcms/detail/detail.aspx?dbcode=CMFD&dbname=CMFDTEMP&filename=1021705220.nh&uniplatform=NZKPT&v=H13sAAlYQYxy08uhcb9f47n8y3cIyPuHu8we8sJzpc3Bcae448JLMWn8GsCB3F7n.

[3]陈立. "90后""00后"青年群体特征的再审视——以湖北省为例[J]. 中国青年社会科学，2021，40（1）：70-78.

[4]习近平. 在纪念五四运动100周年大会上的讲话（2019年4月30日）[N]. 人民日报，2019-05-02（4）.

[5]梁明伟. 论红色基因中的优良作风[J]. 北京教育（德育），2018（4）：68-71.

[6]邓志强. 网络场域：青年研究的时空转向——基于五种青年研究期刊的内容分析[J]. 中国青年研究，2019（10）：98-105.

[7]冯颜利. 新时代青年思想政治教育工作基本经验研究[J]. 中国青年社会科学，2022，41（2）：56-63.

[8]李晓兰，张洪铭. 新时代思政课教师能力和素质提升探究[J]. 思想政治教育研究，2020，36（3）：59-62.

[9]刘萍. 伟大建党精神融入大学生思想政治教育的现实考量[J]. 学校党建与思想教育，2021（19）：53-55.

[10]胡忠英. 高校思想政治教育方法的改革与创新——以重要时间节点为视角[J]. 中国青年社会科学，2020，39（2）：48-55.

[11]柳礼泉，汤素娥. 思想政治教育视域下的纪念活动研究述论[J]. 学校党建与思想教育，2016（15）：43-46.

思政课教学

党史教育融入高校思政课的几点思考

◈ 李玉林

摘要：党史教学是高校思政课的重要内容和教学重点，同时高校思政课也是人才培养和党史教学、研究、宣传的重要阵地。做好党史教育融入高校思政课的工作既是巩固马克思主义指导地位、坚持党的教育方针的必然要求，也是培养社会主义事业建设者和接班人的现实需要。党史教学融入思政课可以从教材内容整合、课堂教学和实践环节探索等方面实现党史进教材、进课堂、进头脑“三进”工作。

关键词：党史教育；高校思政课；融入思考

以史为鉴，可以知兴亡；资政育人，方能传千秋。2021 年 2 月，习近平总书记在“党史学习教育动员大会”讲话中强调，“要在全社会广泛开展党史、新中国史、改革开放史、社会主义发展史宣传教育，普及党史知识，推动党史学习教育深入群众、深入基层、深入人心”[1]。《中共中央关于加强和改进新形势下党史工作的意见》指出，“加强高等学校党史教学和科研，抓好党史进教材、进课堂、进头脑工作”。我们党的历史，是党领导中国人民进行革命、建设、改革的奋斗史、发展史，也是一部鲜活的资政育人的教科书。习近平总书记曾在多个场合提到，“历史是最好的教科书。学习党史、国史，是坚持和发展中国特色社会主义、把党和国家各项事业继续推向前进的必修课。这门功课不仅必修，而且必须修好”[2]。高校思政课是人才培养和党史教学、研究、宣传的重要阵地，党史教学是高校思政课的重要内容和教学重点。做好党史教育融入高校思政课的工作既是巩固马克思主义指导地位、坚持党的教育方针的必然要求，也是培养社会主义事业建设者和接班人的现实需要。

一、关于党史教育融入现行教材及教学内容整合的问题

目前，高校思想政治理论课包括五门必修课：“思想道德与法治”“中国近现代史

纲要”“毛泽东思想和中国特色社会主义理论体系概论”“马克思主义基本原理”“形势与政策”。其中“中国近现代史纲要”“毛泽东思想和中国特色社会主义理论体系概论”这两门课程与中共党史联系紧密,“思想道德与法治”课程部分章节也涉及党史相关内容。而且前两门课程在内容上有大量交叉重复的部分,授课时面临如何取舍的问题。2021 年版《中国近现代史纲要》(以下简称《纲要》)章节编排体系根据 2021 年“七一”讲话精神做了较大幅度调整,如2021 年版教材删除了 2018 年版教材的上编综述内容,新增了中国近代史综述和中国现代史综述,这两个综述内容是按照“七一”讲话精神所概括的党的百年奋斗历程取得四个伟大成就来阐述的,即中国近代史综述是强调党团结带领中国人民创造了新民主主义革命的伟大成就,中国现代史综述则是突出党团结带领中国人民创造了社会主义革命建设的伟大成就、改革开放和社会主义现代化建设的伟大成就以及新时代中国特色社会主义的伟大成就。《纲要》教材旗帜鲜明地展开了党史、新中国史、改革开放史、社会主义发展史宣传教育,开宗明义,先声夺人。

鉴于《纲要》和《毛泽东思想和中国特色社会主义理论体系概论》(以下简称《概论》)部分内容重复的问题,在教材体系向教学体系转化过程中采取了如下策略。一是整合教材内容,运用专题教学授课,如《纲要》课围绕党史教育所包含的“两个了解”“三个为什么”“四个选择”拟定了几个专题:“天涯何处是神州——近代化浪潮下的中国大变局”“吾将上下而求索——农民和地主阶级救国救民的努力”“君宪共和总难成——资产阶级方案在中国行不通”“开天辟地大事变——历史和人民选择了马克思主义”“星星之火可燎原——中国革命新道路的开辟”“一寸山河一寸血——中华民族存亡续绝的殊死决战”“一唱雄鸡天下白——历史和人民选择了中国共产党”“而今迈步从头越——中国人民选择了社会主义道路”“九曲黄河向东流——社会主义建设道路的早期探索”“东方风来满眼春——中国人民选择了改革开放”“民族复兴中国梦——中国特色社会主义进入新时代”。二是对于《纲要》1949 年以后的内容,还可以采用旧版教材下编综述和两个红色文化专题授课,如“从新中国成立到中国特色社会主义进入新时代(1949—2021 年)”“为有牺牲多壮志　敢教日月换新天——为什么农村包围城市是革命成功之路”“壮丽日出　照亮道路——为什么山沟沟里出马克思”。这样处理为大二《概论》课教学预留更多发挥空间。

二、关于党史教育融入课堂教学的策略

课堂教学是传播党的理论和路线方针的主渠道、主阵地,面向本科生开设的 4 门

思政课和《形势与政策》以及“四史”公选课都是在第一课堂完成，这些课程在帮助学生增进“两个了解”，搞清楚“三个为什么”和深刻认识“四个选择”方面发挥着极其重要的作用。特别是现代信息技术在教学中的运用，更是拓展了教师的教学空间和信息容量，如教师通过学习通软件采用线上线下混合式教学模式，可以把有关党史教育的音像材料上传至学习通，设置学习通任务点供学生辅助学习。这种情况下，选取的材料要能充分体现党史的核心问题和重大理论热点难点问题，坚持用党的历史教训警示人、用党的优良传统教育人、用党的伟大成就激励人、用党的成功经验启迪人。开设“四史”公选课时，可以结合本地的红色文化资源设置专题，如“从……红色历史深处走来——为什么要传承弘扬好红色文化”“以史为鉴　更好前进——为什么中国革命历史是最好的‘营养剂’”“为有牺牲多壮志　敢教日月换新天——为什么农村包围城市是革命成功之路”“壮丽日出　照亮道路——为什么山沟沟里出马克思主义”“星星之火　可以燎原——为什么中国红色政权能够存在”“打铁必须自身硬　一身正气定乾坤——为什么中国共产党能成为伟大事业的坚强领导核心”“天地英雄气　千秋尚凛然——为什么要崇尚革命英雄”“惟其艰难　才更显勇毅——为什么要弘扬革命精神”等。

除此之外，第二课堂——校园文化活动在普及党史知识，推动党史学习教育方面也发挥着重要作用。一所高校汇集了来自全国各地的莘莘学子，它无异于一个小型社会，而且还是由一群洋溢着无限青春活力的年轻人组成的思想王国，他们彼此心灵的碰撞自然擦出思想的火花。各高校因势利导建立起学生社团、业余党校、红色网站等，以此来搭建青年学子了解国情、学习党史的平台，使党史学习教育活动更加丰富多彩，学习效果显著；充分利用跟党史相关的重大节日和重大历史事件开展党史知识竞赛或纪念活动，如围绕“五四”“七一”“八一”“八七”“十一”“一二・九”等特殊日期集中进行相关主题活动，教育引导青年学生学习英雄模范，传承红色基因，弘扬优良传统，增进爱党爱国情感。

三、关于党史教育入脑入心的实践教学探索

“纸上得来终觉浅，绝知此事要躬行”。要真正把党史教育活动贯彻落实，使之入脑入心，就必须引领学生一头扎进实践中，这样才能心领神会。笔者建议，可以在《纲要》课程教学实践中采用如下几种实施方案。

方案一：阅史有感——阅史著，观史片，撰写读后感或观后感

教学内容：要求学生课余阅读一本与中国近现代史相关的党史文献，或者观看一

部与中国近现代史相关的党史影片等,之后撰写观后感,不少于2 000字。

组织方案:任课教师于《纲要》课上需提前布置本实践教学内容作业,最好指定一批融可读性、学术性于一体的中国近现代史书目,抑或一部融观赏性与客观真实性为一体的党史视频资料,如果学生自主选择史著或史片,必须由任课教师审核通过。课程讲授结束前收取并批阅学生本次作业,择优课堂展示10分钟。

方案二:主题演讲——开展以历史事件、纪念日等为基本内容的主题演讲

教学内容:充分利用中国近现代史上重大历史事件或历史人物纪念日(如"五四"运动,党的一大召开,南昌起义,开国大典等),开展相关的主题演讲;也可以选取近现代史上的一种现象、一个背景或学生感兴趣的某个问题等,作为演讲主题。学生撰写演讲稿,教师规定具体的演讲时间,便于学生掌握演讲稿,从而作为这项活动成绩考核的依据。

组织方案:开展主题演讲活动,任课教师必须精心组织并动员学生全员参与,认真落实。(1)预先布置。在开课的头两周布置给学生。要求每个学生准备8~10分钟的演讲。(2)设计选题。选题时任课教师要根据开课时间,以中国近现代史上的党史事件或党史人物的纪念日为契机,布置学生适时准备演讲活动。学生可以从多个选题中选择。(3)步骤方法。任课教师布置下去后,根据不同的选题,给出学生相应的查阅资料、撰写演讲稿的时间。在这期间,教师要尽到督促之责,及时提醒学生。

方案三:口述历史——走访中国近现代史的亲历者,形成鲜活的口述历史(如武汉中学董必武展览馆)

教学内容:走访中国革命和建设的老前辈,抑或亲历过中国近现代史不同历史阶段的普通老百姓,撰写访谈录,形成充满个性的鲜活的口述历史,促使学生感同身受,更加深刻地理解中国近现代社会的各个历史层面。

组织方案:任课教师在《纲要》课上,提前布置本教学内容作业,要求学生利用周末或假期,事先选取好访谈对象和内容。任课教师要求学生提供文字版口述历史(不少于1 500字),并以照片、录音、视频、录像等资料证明访谈的真实可靠性。

方案四:参观历史——参观省内外著名的历史遗迹、纪念馆、博物馆等(如中共五大旧址,八七会议旧址,武昌农讲所,红巷毛泽东故居)

教学内容:作为陈列、展示、宣传中国近现代史上重大历史事件和重要历史人物自然遗存的场所、历史遗迹、纪念馆、博物馆等,为人们提供了解过去、回望历史的机会。

组织方案:(1)布置参观事宜。任课教师在课程讲授结束前,向学生收取参观考

察的心得体会并批阅。(2)考察地点选择。如果学生在开课学期内的假期外出旅游,或外省学生在此期间回家,也可以参观各目的地的纪念场馆等。(3)作业与成绩考核。任课教师在布置本实践活动时,应同时着重讲明参观考察后要写出 1 500 字以上的观感心得,作为本次实践教学活动成绩考核的依据。上交观感心得时,应以图片、照片为佐证。

方案五:社会调研——走出校门,走向社会,关注时代变迁(如调研华为、小米、联想等企业)

教学内容:结合“三下乡”活动,任课教师要求学生分组调研,利用假期走进厂矿企业、农村、社区等,就某一个问题进行实地调查,写出调研报告。

组织方案:我们可事先选取好与《纲要》内容相关的社会热点内容以供学生参考,学生利用假期进行社会实践,在此基础上写一份社会实践报告作为本课程实践教学的作业。

总之,实践方案只是一个总体的规划,任课教师在具体实施过程中,可结合各教学班的人数、专业特色等特点,灵活采用以上几种实践教学的方式,也可有所创新,以求达到党史资政育人的良好教学效果。

关于党史教育融入高校思政课的探索是一项宏大的育人工程,以上几点思考只是一孔之见,以抛砖引玉。

(李玉林,武汉传媒学院思想政治理论课部副教授)

参考文献

[1]习近平在党史学习教育动员大会上强调:学党史悟思想办实事开新局　以优异成绩迎接建党一百周年[N]. 人民日报,2021-02-21(1).

[2]习近平. 论中国共产党历史[M]. 北京:中央文献出版社,2021.

基于应用型人才培养的思政课实践教学创新探究

◈ 张燕明

摘要:应用型本科院校以培养掌握专业基础知识、具有较高理论应用能力的高层次应用型人才为主要目标。构建内涵精准、形式合理的思政课实践教学模式,对培养高质量高层次应用型人才具有重要作用。应用型本科院校应紧密围绕应用型人才培养设计思政课实践教学目标,基于实践教学方法与学生个性化发展相结合的原则设置思政课实践课程,构建适合地方经济对社会人才需求的思政课实践教学模式和机制保障体系。

关键词:应用型人才;思政课;实践教学

作为思想政治理论课(以下简称“思政课”)理论教学的拓展延伸和重要补充,思政课实践教学是深化思政课教学改革、落实立德树人根本任务的重要途径。应用型本科院校以培养掌握专业基础知识、具有较高理论应用能力的高层次应用型人才为主要目标。构建科学合理的思政课实践教学模式,对培养高质量高层次应用型人才具有重要作用。当前,应用型本科院校思政课实践教学仍然处在探索阶段,需进一步深入研究和构建符合应用型本科院校人才培养要求的、具有可操作性和可推广性的思政课实践教学模式,切实提升思政课的获得感和实效性。

一、基于应用型人才培养的思政课实践教学内涵辨析

思政课实践教学是培养学生政治立场和政治认同、强化学生社会责任和意志品质的关键环节,也是提高学生辩证思维能力和分析能力、提升学生职业素养和创新素质的重要途径。不同层次和不同类型的高等院校应根据各自的学校特色和人才培养目标开展差异化有针对性的思政课实践教学。应用型本科院校要加强思政课实践教学,首先应对何为“应用型人才”和“思政课实践教学”到底是什么进行理论廓清,这有助

于我们更深入地把握思政课实践教学在应用型人才培养中的功能和定位。

1. 应用型人才的概念及特点

应用型本科院校是介于研究型大学和技能型院校之间的“中间类型高校”，具有区域性、实用性、职业性和社会评价等发展特点。其与学术型大学的主要区别之一，即在于人才培养的目标不同：它旨在培养服务地方和区域发展，适应现代各种一线岗位需要，掌握专业知识和技能，具有较强社会适应能力、实践能力、创新能力的高素质应用型人才。其培养对象作为一种本科层次的应用型人才，既有别于研究型和教学研究型大学培养的强调对学科体系和前沿领域高度关注的学术性人才、强调科研开发能力的理论应用型人才，也有别于高职（高专）培养的侧重具体技术操作能力和业务能力的技能应用型人才，其具有人才层次的高级性、人才类型的应用性、人才去向的基层性、知识能力的多样性等鲜明特色。[1]3-4总体上说，应用型人才具有如下特色：在知识结构上，能够满足现代一线岗位的实际需要，具备扎实的专业知识基础；在能力体系上，突出对专业知识的熟练掌握和灵活运用；在综合素质上，具有较强的思想政治素质、爱国主义情怀和社会责任感，同时具有优异的心理素质、合作意识和服务精神，尤其具有较高的实践能力和创新能力。应用型人才培养更加强调与一线生产实践的结合，因此更加重视实践性教学，甚至将其作为教育教学的核心环节。

2. 思政课教学实践的内涵

当前，学界对实践教学内涵的理解尚存在分歧。总体而言，学界对实践教学的理解大体包括以下两种：一种强调与理论教学的互补，注重教学形式的广泛性和多样性，对实践教学的场域不做严格要求；另一种对教学开展的情境和场所提出明确要求，着重强调活动开展的场域在课堂之外。综合两方面的看法，我们认为，对思政课实践教学的内涵理解，不应仅以情景和场所来界定，因为随着高等教育大众化的发展，学生人数急剧增多，而高校资源和经费有限，局限于课外场所可能会限制对实践教学多样化教育途径的探索。根据马克思主义的历史唯物主义实践观，通过对高校思政课课程体系设置的宗旨与思政课实践教学的根本宗旨的内在统一性的比较分析，结合教育部现行相关文件表述和不同学者的观点，可以对应用型本科院校思政课实践教学做如下定义：应用型本科院校思政课实践教学，即依据学校思政课教学目标和大纲，结合院校的个性特征和学生特色，在基本理论教育环节的基础上，在教师的主导下，以学生主动参与和体验为基本形式，以有目的、有计划、有组织的与思政课理论教学内容紧密联系的实践活动为载体，以学生主动参与、主动思考和主动探索为特征，以学生内在思想素质提升为宗旨，以学生综合素质的整体性提升为目标，引导学生对思政课理论教学内容进行深入理解、验证、内化、实践、应用,进而树立马克思主义世界观、树立改造世界的基本立场、观点和方法的教育教学过程[2]9。

对这一实践教学内涵的理解要注意四个层面。其一,思政课实践教学是配合理论教学的一种包括课堂内外、校园内外、网络内外的多重场域的教学活动,重在将基本理论、基本原理与社会现实、生活实际紧密结合,引导学生学思结合、知行统一。其二,思政课实践教学必须紧紧围绕学校思政课的课程内容进行延伸和深化。其三,思政课实践教学要强调学生的主动参与和亲身体验。实践教学不是一个单纯由学生静态地接受教育内容的过程,而是一个学生主动参与和体验的过程,必须尊重学生的积极性、能动性和创造性,促使他们在亲身参与和实践中去理解理论、深化认识、培育情感、砥砺德行。其四,思政课实践教学要注重发挥教师的主导作用。由于学生认知和思想发展的不成熟性,单凭学生的自发参与是难以实现其对马克思主义理论体系所揭示的客观世界本质和规律的深刻理解的。教师必须结合相关理论背景、社会和历史条件以及现实资源,进行有目的、有计划、有组织的精心设计,才能更有效地促进学生对所学理论内容产生内心的共鸣与思考。这其中,对思政课教学目标和课程内容的深入分析是实践教学的要旨核心;与现实生活和大学生身心发展实际紧密结合是实践教学的基本原则;教师主导是有效开展思政课实践教学的关键支撑;学生主动参与是提升实践教学实效的基础保证。

二、基于应用型人才培养的思政课实践教学目标设计

应用型本科院校思政课实践教学既要紧紧围绕落实立德树人根本任务,又要明确其有别于其他专业课实践教学的清晰独特的目标,这是指导实践教学开展和评价的重要指标。根据应用型本科院校所具有的区域性、实用性、职业性和社会评价等发展特点,其思政课实践教学的总目标应是培养学生高度的社会责任感、扎实的实践技能和较强的创新创造能力,使他们能够将思想政治理论与实践相结合,并能够运用理论指导创造性解决实践问题,提升相关理论素养并锻造可持续发展潜力。其具体可分解为知识目标、思想目标和能力目标三个维度[3]19。

1. 知识目标:使学生对思政课理论教学内容进行深化与反思

思政课实践教学的知识目标不是对理论概念和原理等的知识传授,而是对理论教学内容的扩展、深化和具体化,要引导学生在社会实践中深入理解、体验、掌握、运用课堂上所学的知识,重在解析理论教学内容与相关社会实践内在的逻辑关系。实践教学

应通过实验模拟、实践操作、调查研究、实地考察、现场观摩等多种方式,引导学生形象地认知和体验各种知识的生成和发展过程,切实弄清各种知识的来龙去脉。要帮助学生学会运用思政课中的各种基本原理知识正确认识世界、看待国家社会存在的各种问题;运用思政课中的马克思主义及其中国化创新理论知识去把握规律、分析社情、洞悉时代;运用思政课中的政治法治、形势政策等工具性知识解决现实和工作中的疑难;运用思政课中的历史性知识和思想性知识拓宽视野、筑牢根基;注意借鉴其他学科知识,促进学生对所学理论进行比对、深化和反思。

2. 思想目标:使学生养成正确的世界观、人生观和价值观,提升思想境界

从高层次应用型人才的素质结构看,思政课实践教学应该特别注重培养学生的以下素质。一是坚定的政治素质。作为我国现代化建设事业的建设者和中国特色社会主义事业的可靠接班人,应用型人才首先必须具备坚定的政治素质,坚定理想信念,具有扎实的马克思主义理论素养,勇于担当实现中华民族伟大复兴的历史使命,拥护党的领导和党的基本路线。二是良好的思想素质。基于新时代中国特色社会主义现代化建设对应用型本科院校思政课教学的特殊要求,应用型人才应该具有高度的社会责任感,树立面向基层、服务社会、扎根群众、奉献社会主义现代化事业的思想认识。三是坚韧的心智素质。优异的身体条件和心智素养是应用型人才的必备素质。这是一个人在任何岗位做好一切工作的基本前提。面对激烈的市场竞争和社会压力,应用型人才应具备强大的心理承受能力,深怀奋勇进取的创造激情,培养理论联系实际、实事求是、言行合一的思想作风,脚踏实地、端敏敬谨、敢于担当的工作态度和独立思考、追求新知、奋进创新的科学精神。思政课是促进学生心理、意识、意志等健康发展的主渠道,思政课实践教学应对培养应用型人才的责任担当意识、艰苦奋斗意识、奋进创新意识、学以致用意识等发挥指向明确和潜移默化的作用。

3. 能力目标:使学生具备分析和解决问题、勇于创新创造的能力素质

能力素质是应用型人才的核心指标,包括专业技术能力、理论应用能力、实践动手能力、团队合作能力、社会交往能力、分析和解决问题能力、创新创造能力等等,其中分析和解决问题与勇于创新创造能力是要培养的核心能力。应用型本科院校思政课实践教学应面向学生未来职业发展的需要,深入课外了解企业行业对人才素质的要求,整合各种社会资源和教育力量以形成培养合力,着重发挥自身在应用型人才能力培养上的重要作用。思政课实践教学要致力于帮助学生完成书本到现实、理论到实践、校内到岗位的转变,提高学生运用马克思主义的立场、观点、方法分析和解决现实问题的辩证思维能力。要充分利用应用型本科院校建设“产教融合、校企合作”人才培养平

台的优势,锻炼学生的拓展能力、学习能力、组织能力、表达能力,尤其是创新创造能力,使他们不仅具有必备的专业技术能力,以满足当前技术密集型岗位的需要,还能够应付各种更为复杂和难以处理的社会现实问题。

三、基于应用型人才培养的思政课实践教学创新

紧密围绕应用型本科院校人才培养目标,构建内涵精准、形式合理的思政课实践教学模式和健全的保障机制体系,能够有力推动思政课实践教学与理论教学互相促进,提升应用型人才培育质量。

1.基于学生个性化发展与地方经济社会人才需求的思政课实践教学模式构建

高校思政课实践教学模式不是一次实践或活动,而是一种教学范式,具体而言是思政课教师为提高大学生的思想政治素质和观察分析社会现象的能力,利用课堂、校园、社会、网络等教学环境,对实践教学的内容、方法、手段、过程、考核与评价等进行设计和安排,从而建立起的程序化、标准化、可操作化的实践教学运行方式。

构建应用型本科院校思政课实践教学模式的重点,在于将实践教学方法与学生个性化发展、地方经济社会人才需求相结合,深入把握构建“大思政”格局的要求,整合更多社会力量,使实践教学更接地气、更符合社会企业用人的标准。在此原则下,设计具有系统性、规范性和持续性的实践教学模式并在以下几方面统筹推进:一是思政课实践教学课程化。即打破原来在各门思政必修课中分别设置实践环节的做法,独立设置一门专门的实践教学课程。这个课程应覆盖全体学生,包括“集中讲授、实践体验、研讨创作”三个教学环节,安排独立的学时、学分,制定专门的教学计划和实施方案,使思政课实践教学具有较强的针对性、协同性和规范性。二是思政课课内实践教学主题化。在遵循科学性、针对性和现实性原则的基础上,统筹各思政课教研室协同制定各门课程的实践教学主题,编写课内实践主题教学方案。三是思政课实践教学立体化。综合利用课堂、校园、社会与网络虚拟等多维空间开展思政课实践教学。以避免各成体系、各有侧重、交叉重复为前提,将思政课实践教学融合到专业的实践教学和大学生社会实践活动中去。四是思政课实践教学成果可视化。结合应用型本科院校学生的特点,将实践教学成果设计为文艺创作、政策宣讲、学术科技、心得体会等多类形式的作品,引导学生由教学对象向教学主体转变,增强实践教学的吸引力和针对性,有助于应用型本科院校思政课实践教学目标的实现。

2.建设思政课实践教学模式运行的保障机制体系

为了保证实践教学模式的运行,必须建立一系列配套的保障机制,从师资队伍、教

学资源、课程经费、制度建设等方面给予充分保障。

第一，多种途径提高思政课教师实践教学水平。应用型本科院校除了要大力引进高素质人才，还可以通过组织集体培训、外出学习、专题教研、校外交流、教学比赛等多种途径，系统性、针对性、持续性地对思政课教师加强专业教育，着力提升其教学水平、科研水平和实践教学指导能力。

第二，加强实践教学资源建设。首先，综合利用传统媒体和新媒体、校园文化和网络宣传等多种途径增强对思政课实践育人的舆论宣传，加大对思政课实践育人的必要性、重要性的理论阐释和宣传推广，增强师生对思政课实践教学的重视，形成实践育人的积极共识与良好氛围。要特别注重校园文化和学生社团对开展思政课实践教学的积极作用，加大实践场所、仪器设备对三个课堂思政课实践教学的开放力度。其次，着力构建“大思政”格局，在学校党委统一领导下，加强马克思主义学院、思政课部、教务处、团委、学生工作部、创新创业学院之间的联动统筹，积极推进课程思政建设，将专业课实践教学与思政课实践教学相结合。再次，鼓励所有教职员工积极参与思政课实践教学团队建设，广泛参与思政课实践教学经验交流和研讨，不断总结创新思政课实践育人工作经验和策略，及时推广各项育人成果[4]。

第三，加强思政课实践教学平台建设。应用型本科院校应根据自身特色和学生特点，紧密围绕应用型人才培养目标，结合社会经济发展对人才的要求，在着力打造校外实践教学基地、校内实验实训室等基础上，加强思政课实践教学平台建设。要充分发挥社会办学主体的作用，积极推进各行业、多企业参与应用型人才培养过程。对思政课实践教学基地的管理，应坚持管理规范原则、主题鲜明原则、职责明确原则[5]。

第四，加强思政课实践教学制度体系建设。学校要围绕落实立德树人根本任务，将学生的成长与发展作为思政课实践教学的出发点与落脚点，尊重和激发学生的主体性和能动性，促进他们积极自觉地参与各项实践活动。学校应围绕新时代应用型人才对知识、能力、素质的要求，建立强化统筹协调，加强教师指导、实践内容、实践场所建设，完善政策保障、组织保障、经费保障和条件保障的工作机制，努力推动三个课堂在实践教学目标、实践教学内容、实践教学方法上的贯通融合。同时，将教师思政课实践教学的质与量纳入教学评价、评先评优、职称职务考核体系，完善思政课实践教学的激励机制。

第五，加强思政课实践教学评价体系建设。应用型本科院校应突出学生知识结构、能力素养、思想素质三维培养的目标定位，构建科学、合理、多元的考核评价机制。可以将教师考核与学生考核相结合、学校考核与社会考核相结合、主观机构考核与院系领导考核相结合，体现考核主体的多元性；将他人评价与自我评价相结合、定量评价与定性评价相结合、知识考核与能力考核相结合,体现考核内容的科学性;将多样考核与规范考核相结合、过程考核与结果考核相结合,体现考核方式的合理性。

(张燕明,武汉传媒学院思想政治理论课部副教授)

基金项目:本文系2021年度湖北省教育厅哲学社会科学研究思想政治理论课专项任务项目“应用型本科院校思想政治理论课实践教学模式创新研究”(21Z106)的阶段性成果。

参考文献

[1]孟宪东,高东.应用型大学思想政治理论课教学模式研究[M].北京:中国政法大学出版社,2007.

[2]戴钢书,等.高校思想政治理论课实践教学论[M].北京:中国人民大学出版社,2015.

[3]余勇,罗英,毛莉姝,等.高校思想政治理论课实践教学:实践与创新[M].成都:电子科技大学出版社,2017.

[4]王悦.浅论新时代应用型高校思政课实践教学改革路径研究——以长春财经学院为例[J].吉林广播电视大学学报,2021(5):7-9.

[5]瞿敬平.教学应用型理念下思政课实践教学模式新思考[J].继续教育研究,2011(12):214-215.

传媒类高校思想政治理论课对学生新媒体素养的培育研究*

——以“马克思主义基本原理”课为例

◈ 田爱玲

摘要:随着时代的发展,新传播革命带来了新媒体社会,由于传媒类高校学生理论基础、专业特点及个性发展的不同,教师需要进一步结合时代特点、学校性质、学生学情等对其进行新媒体素养教育。高校思政课作为立德树人的重要阵地,需要充分利用思政课堂对学生新媒体素养的培育进行有针对性的教学设计。“马克思主义基本原理”课是高校思想政治理论公共必修课,学生通过对马克思主义立场、观点、方法的学习,提高自身分析问题、解决问题的能力。学校根据课程框架和专题内容,从教学设计到教学内容选取,分专题对学生进行新媒体素养能力拓展,聚力培育新时代媒体人。

关键词:传媒类高校;思政课堂;新媒体素养

美国学者詹姆斯·波特认为,新媒体素养的高低,取决于一个人看待媒介的视角,个人知识结构的差异决定了其在解释媒介信息时的视角,而是否熟练使用技能决定了一个人如何驾驭媒介信息的元素。传媒类学生专业背景不同,学生学情存在差异,他们对新媒体信息掌握上各有不同,所以学校在“马克思主义基本原理”课课程设计上,需要围绕新媒体信息,在课堂专题讲授和主题实践中不断拓展学生新媒体素养视野。

* 本文系2021年武汉传媒学院校级教学改革研究一般项目“立德树人视域下传媒类本科院校‘马克思主义基本原理’课教学目标达成与优化探究”(XJ202117)的阶段性成果。

一、传媒类高校提高学生新媒体素养的必要性

1. 基于新传播革命带来的认识

新传播革命带来了新媒体社会。一是从传播的主体来看,以前我们的传播主体是少数人、少数机构,而今天传播变得社会化、开放化,互联网赋予每一个人传播的权利。二是从传播载体来看,新媒体社会实现了随时随地的连接,我们可以在任何时间、任何地点获取媒介信息。三是从传播的形态来看,传播已经从过去由某一种媒体给我们提供信息的单一媒介形式变为媒介融合提供信息的终极形态。四是从传播效果来看,今天的移动互联网,已经打破了真实和虚拟的边界,形成了人们可以进随时随地的网上消费和连接。五是从传播权利来看,今天每一个个体通过社交媒体的使用,得到了一种技术的赋权,回归个体成了互联网所带来的权利便签的新特征。随着新传播革命的到来,新媒体出现了新的变化。传播主体从组织化转变到社会化,传播载体实现随时随地的连接,传播效果打破真实和虚拟的边界,传播权利实现个体的赋权,互联网正在重塑这个世界。无论是传媒类学生还是非传媒类学生都是新媒体社会的一分子,只有积极主动地搜寻和处理信息,而不是被动接受,才能融入开放的新媒体社会中。需要具备理性的判断、接受真实可信的信息,才能积极建构自己多元有用的知识体系。需要多维度提升自己的技能,学习和掌握唯物辩证法的科学思维方法,才能在实践中不断增强运用新媒体的思维能力。

2. 基于新媒体社会对传媒类高校学生的影响

首先,新媒体社会对公众认识世界的思维习惯和观念也产生了影响。调查表明,传媒类学校学生除了课堂学习外,接收信息、获取知识的主要方式是手机。学生整体"机不离手",不管是日常学习软件的使用还是娱乐休闲的选择,学生对手机的依赖性都很高。学校需要结合"马克思主义基本原理"课认识论相关内容,引导学生认识到以手机为代表的新媒体只是一种中介,他们需要重视媒介的作用,而不是被奴役。

其次,同学们在手机的社交软件中,使用最多的是微信和抖音,两者总占比达73.7%。在使用手机等媒介手段时,同学们日常关注最多的是社会趣事、专业相关信息,两者分别占26.9%、19.2%,而国家大政方针和国内外局势占比较少。学生对国事和天下事的关注度并不高,而交往是人类社会发展的普遍特征,学校需要通过"马克思主义基本原理"课历史唯物主义相关内容,提升学生对社会历史发展规律的了解。

再次,由于互联网的全球化,当我们在使用网络的时候,我们其实跨越了地域的限

制,对世界有了更多的了解,巨大的扩展带来了信息过度负载。统计显示,有 44.2% 的同学认为自己不能辨别海量信息的真伪,且有 56.4% 的同学认为思政课堂可以帮助其提高辨真伪、知对错的能力。

最后,新媒体社会传播效果的协同过滤、群体极化,使我们今天所获得的信息是基于我们的在线社交圈协同过滤的结果。需要在“马克思主义基本原理”课上引导学生用理性思维意识到互联网对我们认识世界的影响,提升其运用新媒体的素养。

二、聚力对学生新媒体素养培育的路径探究

作为应用型本科院校,传媒类高校以培养实践动手能力强和具备一定深度广度基础理论知识的应用型人才为主。学校既有传播、编导、播音等传媒类专业学生,也有人文、管理、传工等非传媒类专业学生。传媒类高校应结合自身实际和学校人才培养方案,将学生培养成新媒体时代一名积极的公民,成为一名有自主、批判和反思意识的新媒体使用者。使他们在享受互联网自由的同时,既能高效地接收,又能批判地解读,还能积极地利用,超越娱乐和技术运用,提升公共表达和赋权,避免碎片化和娱乐化,使他们在使用新媒体的过程当中能够进行有效的协作和积极的表达。“马克思主义基本原理”课程需要注重理论联系实际,注重知行合一,将思想政治理论知识“内化”为学生自身的内心需要和行为动机,使学生树立正确的世界观、人生观和价值观。使学生具备运用马克思主义世界观和方法论解决实际问题的能力,形成自觉运用马克思主义解决实际问题的素养,为成为一名合格的新时代媒体人做准备。结合美国学者詹姆斯·波特的观点和我校学生实际,我们应对学生进行以下三个层次的能力培养:一是技术的运用,引导学生善于利用新技术,实现对新媒体信息的获取。二是帮助学生能够理性利用这些信息,自觉践行社会主义核心价值观,维护社会主义意识形态,规范自身新媒体道德,更好地去实现人和人通过互联网载体的沟通。三是培养学生从整体上对信息进行策略性的、战略性的利用。

1. 教学设计与课堂教学

基于“马克思主义基本原理”课教学目标的达成,结合新媒体素养的培育,我们需要在前期对“马克思主义基本原理”课程框架和专题内容进行重构,从教学内容选取到教学设计,分专题进行新媒体素养能力拓展。根据学生学情,有针对性进行课程内容设计。非传媒类专业学生更多的是学会简单技术运用的同时理性利用新技术,并利用这些信息更好地去实现人和人通过互联网载体的沟通;而传媒类专业学生需要更好

地运用自己的新媒体素养,完成信息的接收,完成信息的生产和消费,成为真正的新时代媒体人。

第一,运用辩证法引导学生有效获取新媒体信息。新传播革命带来的新媒体社会中,传播权利的变化以及传播效果的协同过滤、群体极化,使我们今天所获得的信息是基于我们的在线社交圈协同过滤的结果,这容易导致同学们接收的信息过于片面单一。而辩证思维能力是唯物辩证法在思维中的运用,它主要是用批判的和革命的精神分析和解决问题。它要求我们客观地而不是主观地、联系地而不是零散地接收信息。在学生新媒体信息的获取上,一是注重全面性,二是强调客观性。使学生能够面对纷繁复杂的海量信息,用自己的辩证思维有效获取新媒体信息。一部分非传媒类专业学生主要注重信息媒介的积极利用,而传媒类专业学生需要进一步结合自己的专业知识,在新闻采写、新闻评论、演讲播报等方面运用马克思主义的基本观点和看法对自己进行引导,使自己能够进行选择性注意,养成辩证思维习惯,不断用马克思主义基本原理提升自身的媒体信息获取能力。

第二,运用认识论澄清学生的新媒体价值观。新媒体时代,每个人都是发言者,每个人的思想都在一定的媒介平台进行传播,部分不良信息的影响潜移默化,影响巨大。需要教会学生区分感性认识和理性认识,注重直接经验和间接经验的获取。特别是针对传媒类专业学生,在强调感性认识与理性认识统一于实践的过程中,需要引导学生注意实践不是盲目的实践,而是有方法论地去进行的实践,这样,才有可能在直接经验和间接经验获取的基础上提高媒体素养中分析信息、处理信息的能力。另外,除了认识符合客观规律的真理外,传媒类专业学生需要树立正确的新媒体价值观,以社会主义核心价值观去澄清不同传播者的立场,以树立正确的价值导向。

第三,运用意识形态建立学生新媒体秩序感。新媒体社会呈现出多元特征,而多元的信息表达实质上是社会生活在精神方面的反映。意识形态是反映一定社会经济关系、政治关系以及一定阶级或社会集团利益和要求的体系,我们需要注重意识形态的维护。任何一个国家都有意识形态,要确保学生对意识形态有客观的认知。传媒类专业学生与意识形态相关工作联系紧密,例如表演、播音、编导等专业,需要训练学生在从事相关行业之前了解意识形态对秩序感、、规则感建立的作用。只有结合专业认知规律,从思想认识上认可社会主义意识形态,才能更好地服务于社会主义社会。

第四,运用正确金钱观规范学生新媒体道德。由于新媒体社会使社会个体能够更便捷地打破现实和虚拟的束缚,实现信息生产和消费,这必然带来巨大的社会经济效益。特别是今天电商时代的到来,短视频的兴起,使每个人都有实现人生价值的机会。但如何去衡量新媒体社会中人的价值,需要有评价标准和道德底线。以职业道德为出发点，传媒类专业学生作为新媒体社会的传播主力，更应该积极宣扬正确的金钱观，坚守道德底线，维护人民利益，共同促进社会良性发展。

第五，运用社会发展规律引导学生进行新媒体社会的有效参与。社会基本矛盾是推动社会进步的根本动力，而生产力是社会基本矛盾运动中最基本的动力因素。人是社会生产力中最活跃的要素，要促进社会发展，必须调动起人的积极性。青年群体是社会发展的重要组成力量，传媒类专业学生应该在积极获取新媒体信息的同时，树立正确的新媒体道德，致力于新媒体社会的秩序建立，进行有效的新媒体社会参与。用新媒体的力量守底线、聚人心、促发展。

2. 开展新媒体素养教学实践

“马克思主义基本原理”课在对学生进行新媒体素养培育的过程中，既要有原理内容的展开，还要有新媒体素养实践。教育部《新时代高校思想政治理论课教学工作基本要求》明确指出，“实践教学作为课堂教学的延伸拓展，重在帮助学生巩固课堂学习效果，深化对教学重点难点问题的理解和掌握”。

一是课内实践。主要以课内 PBL 形式组织学生进行新媒体素养实践活动，在开学之初根据所授课程内容有针对性地给予主题引导。学生在上课的过程中，通过学习课程内容、选取主题、小组协作，完成项目研究。这种方式有利于学生在实践过程中感悟新媒体社会特征，并在完成相关项目的过程中提升信息处理能力。

二是校内实践。以学校各专业组织的比赛为主，贯彻新媒体素养要求。学生在备赛和比赛阶段，思考新媒体素养要求，并通过作品的形式演绎出来。教师在评定的过程中，运用相关的素养要求进行再次强化，最后达到素养能力的全程拓展。

三是校外实践。新媒体素养教育不仅体现在校园教学，也应融合进社会服务的方方面面。建立校外实践教学基地，利用传媒类专业学生优势，在电视台、博物馆等新媒体特征明显的单位磨砺学生专业能力的同时，使之熟悉新媒体社会内容，了解传播载体，丰富新媒体认知。

三、传媒类高校学生思政课堂新媒体素养培育的重点剖析

对传媒类高校学生进行新媒体素养培育，首先，教师要注意根据学生学情进行不同维度的课堂教学，结合学校传媒类专业学生优势，在“马克思主义基本原理”课堂进行能力提升，更加注重实践训练。而对于非传媒类专业学生，主要通过课堂内容的逻辑架构对其进行正确获取信息的培养。其次，在学生新媒体素养培育上，可以多维度

同时发力,从思政课堂到学生工作,从学校教育到社会实践,全方位实现新媒体素养教育,助力提升学生新媒体素养。再次,注重将传媒类高校学生的专业优势与新媒体素养结合起来,使学生真正进行信息生产和加工,在传承文化自信、坚定社会主义制度的基础上实现社会参与,聚力国家发展和社会进步,成为具备新媒体素养的新时代中国青年。

(田爱玲,武汉传媒学院思想政治理论课部讲师)

参考文献

[1]本书编写组.马克思主义基本原理[M].北京:高等教育出版社,2021.

[2]王永真.新媒体背景下大学生媒介素养研究[J].新闻研究导刊,2021,12(23):86-88.

[3]刘铮.新媒体对大学生价值观形成的影响及其引导研究[J].沈阳建筑大学学报(社会科学版),2016,18(4):405-410.

[4]赵娟娟.对大学生媒介素养教育的分析与思考[J].理论导报,2011(8):42-43.

基于最近发展区的建构能力培养

——“思想道德与法治”课教学创新

◇ 邓晓峰

摘要：在“混合式教学”新的技术理念与多媒体教学背景下，基于新时代大学生学情开展“基于最近发展区的建构能力培养”教学创新成为可能。本文以“思想道德与法治”课程为例，以“督导式教学”为模式进行课堂流程再造，打破传统教学模式，使思想政治理论课在学生知识建构能力、思维能力方面的培养目标得以实现。

关键词：思想政治理论课；创新；能力

引 言

党的十八大以来，大学生思想政治教育始终坚持聚焦大学生、围绕大学生。大学生思想政治教育要坚持问题导向，提高教育引导的针对性、有效性，时刻关注大学生的成长动态，同时致力于分析和解决大学生的思想问题及与其关联的现实问题。

与此同时，互联网技术的成熟，“慕课”风潮的兴起，为传统思想政治理论课教学提供了许多新手段、新理念，也催生出一股思想政治理论课改革风潮。经过一段时间的探索，“以慕课为思政教学改革的一个元素，以混合式教学为主要改革方向”的思政教学模式已成为高校思想政治理论课的主流教学形式。在此政策背景和新的技术理念背景下，广大本科阶段有经验的思政课教师除了紧跟形势，积极开展混合式教学之外，应更积极主动，对思想政治理论课的教学形式与教学内容的改革做出一些前瞻性的思考。

一、混合式教学背景下对“思想道德与法治”课教学的反思

混合式教学背景之下，当“思想道德与法治”课教学依然存在很多单靠混合式教

学本身无法解决的具体问题。从教学内容上看,高等教育出版社出版的统编同类教材存在以下特点:(1)高度凝练,言简意赅,理论性强;(2)知识点多,且存在很大程度的重复交叉;(3)全国上下一本教材,内容上存在着与应用型本科高校的学生思想状况和就业层次定位的不对标。关于教师如何基于应用型本科高校学生的实际状况和需求,在大纲的指导下驾驭教材、处理知识点,以上三点对教师将教材体系转化为教学体系提出了很高的要求。

1. 教学形式上,混合式教学背景下的大数据的采集和运用成为可能,客观上对教学精致化提出了更高的要求

"理论的需求程度和实现程度,在一定意义上取决于是否正确提出和正确解决了人们和社会所关心的问题"。如何提升思想政治理论课的实效性,增强学生的"获得感"?"量身定制、一班一课"成为趋势。不同专业的学生使用不同的案例、开展不同的理想信念教育和职业道德教育是必要的。网络媒体中民粹主义对舆论的引导、价值观多元化、社会转型期的影响、缺乏足够的实践体验等因素使得主流意识形态不"主流"。教师如何直面有争议的热点问题?通过什么样的教学方式增强学生对主流意识形态的认同?这是思政课需要解决的大众问题。

2. 发挥思政课堂主渠道作用,端正学生的价值观

这是思想政治理论课需要解决的新问题。1999 年颁布的《中共中央、国务院关于深化教育改革全面推进素质教育的决定》强调要"针对新形势下青少年成长的特点,加强学生的心理健康教育"。思政教育受众群体思想日新月异,"00 后"学生获取信息的途径非常广泛。大学生是网民的主要群体之一,青年学生又普遍存在猎奇心理,容易受到网络世界里各种新思想、新生活方式、新理念的影响,会产生一些以往所不存在的新问题。"佛系"等流行词汇的出现,呼唤思政教师充分融入学生的思想世界,引导其思想观念的生成。

3. 学生系统性思维的建构

互联网时代碎片化信息的获取成为常态,学生中只言片语的粗浅观点表达流行。这减少了完整逻辑结构的知识信息的获得,不利于学生系统地建构知识体系,学生结构化逻辑思维能力和文字报告能力欠缺。思想政治理论课作为提升学生人文素质的通识课应承担起更多提升学生能力的任务。

4. "大思政"理念下的实践教学拓展

"00 后"学生的成长环境比较单调,长期处于校园生活、培优班、电子游戏、电影、

室内娱乐等环境中,接触社会的机会不多,从朋友圈、微博、电影、文艺作品中寻求人生哲理成为流行,学生惯于网上、手机上查找资料,“坐而论道”,缺乏调研实证的思维方式和实践精神。受多种条件的制约,思想政治理论课的教学关注点也主要在课堂,实践学时难以落到实处。思想政治理论课的改革应该在“大思政”理念指引下,将关注点拓展至学生的生活领域,以提升学生的实践能力为聚焦点。

二、“思想道德与法治”课教学创新

在对上述问题和背景的思考中,我与团队逐渐探索和完善,逐步形成了“基于最近发展区的建构能力培养——督导式教学”的教学创新体系。

1. 创新理念

现代教育心理学认为教学应该把学习者原有的知识经验作为新知识的生长点,引导学习者从原有的知识经验中,主动建构新的知识经验。而笔者认为,除了主动建构新的知识经验之外,还应将主动建构某种能力与思维方式作为思想政治理论课的目标。构建三种不同的教学情境:自学与针对性讲解相结合;学生演讲与教师反馈相结合;课上学习与课外实践相结合。以课堂和“学习通”为平台,以学生—教师,教师—学生—教师两种不同的互动模式,形成“以督促学,以导代教”的“督导式教学”。其主要目标是在知识情感价值观目标之外,培养学生的实证主义、独立思考的逻辑思维和实践精神。

2. 创新实践

基于最近发展区对学生进行能力培养,具体内容见表1和表2。

表1 “督导式教学——基于最近发展区的建构能力培养”

一级维度	二级维度	关键词
实证研究的思维方式	信息获取能力	查阅文献资料,关键字索引,调研
	信息处理能力	文字信息的去粗取精、去伪存真,数据信息的分析
	逻辑思维能力	调查研究的程序学习,逻辑结构的完整,基于数据分析结果的谨慎解释与说明
	总结归纳能力	文字提炼,条理性、全面性
	文字报告能力	文字表达素养,理论素养
实践能力	计划统筹能力	项目可行性研究,统筹人、财、物、时间、空间,任务明确,目标清晰
	执行调控能力	团队沟通衔接,跟进督促,应对突发状况

表 2 督导式教学过程的两种模式呈现

督促学习,设置任务	完成测验	根据测验结果,教师直接针对性教学	学生—教师
	完成测验+问卷	根据结果,教师直接针对性教学	学生—教师
	学生进行知识点理解展示	教师一一反馈并进行教学总结	学生—教师
自行学习书本理论,教师进行实践意义的澄清,进行实践方法、执行调控等指导,明确实践任务,确定团队	团队定期进行阶段性汇报,提供过程证明。实践项目结束,团队完成书面材料或 PPT,并进行总结汇报	教师在过程中进行针对性督促指导和最后环节的总结点评	教师—学生—教师

三、以“思想道德与法治”课中的树立正确的人生观部分为例(教材体系向教学体系转化改革成果展示)

本章教学需要注意三个问题。

1. 三观问题是本门课的重难点,教师只有主动了解大学生的思想实际,才能进行有针对性的教学

课前应设置问卷了解学生在价值观和人生观问题上存在的偏差,才能有针对性地确立教学重难点,比如,“无明确的人生目的”“享乐主义”“物质主义”,重“个人价值”轻“社会价值”,对“幸福”“苦乐”“顺逆境”等问题认识上存在偏差。只有直面问题,才能促进学生在比较中思考人生观、价值观。

2. 本章节内容较多,重复部分较多

教学体系需要进行转化。(1)第一节中“人生目的”知识点与绪论部分“时代新人要以民族复兴为己任”和《第二章　坚定理想信念》存在重合,需要将前者放入第二章详讲;“个人与社会的辩证关系”与道德部分的“社会主义集体主义的内涵”相重合,需要将前者放入第五章详讲;第三节中“成就出彩人生”与绪论部分相重合,可以不讲。(2)变“伟人教育”为“常人教育”,平铺直叙地讲述树立“幸福观为人民服务”的人生目的是一种灌输式教育,这往往因为离学生的具体思想状况较远而导致教学效果不佳,应重点理解人生态度和人生价值观,强调在人生实践过程中,大多数人往往先建立端正的人生态度,才能顺势而为地找到明确的人生目的。将“人生价值的实现条件”

融入人生态度中的“务实”。《第三节　创造有意义的人生》可以充分利用问卷调查数据和社会热点问题进行点评和澄清。

3. 理论较为枯燥抽象，需要结合贴近学生思想实际的教学材料

案例举例：“人生须认真”。电影《盗钥匙的方法》中两个性格完全不同的男人被调换身份。身份调换之前，男主 A 的家十分混乱，到处摆满了垃圾。而当失忆的男主 B 回来之后，家中被整理得干干净净，非常温馨。而反观男主 B 的家，调换身份之后被 A 弄得乱七八糟。男主 B 在失忆之后，买了一个笔记本把有关自己的所有琐事全都记录下来，一点点了解自己，并且帮自己进步。由此得出结论，认真生活的人，到哪里都不会活得太差。

该教学创新体系在“混合式教学”背景下，体现了“以学生为中心”的教育理念，基于学生最近发展区，调动学生主动性，帮助其建构知识体系，更强调思维与能力培养，在应用型大学具备推广价值。

（邓晓峰，武汉传媒学院思想政治理论课部讲师）

参考文献

[1]杨柳. 慕课背景下高校思想政治理论课的实效提升研究[D/OL]. 青岛：山东大学，2013. [2016-05-15]. https://kns.cnki.net/kcms/detail/detail.aspx? dbcode = CMFD&dbname = CMFD201701 &filename = 1016205025.nh&v = MTg0NjdmWXVWdUZDcm1VTDNCVkYyNkdMRzRHOUhPcXBFYlBJUjhlWDFMdXhZUzdEaDFUM3FUcldNMUZyQ1VSN2k =

[2]柴艳萍. 项目教学法在思政课实践教学中的应用[J]. 思想理论教育导刊，2015(7)：86-88.

分享式教学在艺术类高校思政课中的应用

◈ 徐小莉

摘要:加强和改进高校思政工作的灵魂课程是思政课,它也是落实立德树人任务的关键性课程。我们需要针对艺术类高校学生的特点和特色,不断增强思政课的思想性、理论性、亲和力和针对性。本文从艺术类高校学生的思想政治动态出发,在教育教学改革理论指导下,积极构建分享式教学模式,让学生积极地参与课堂,以提高课堂的有效性和实效性,并培养学生的思考能力。

关键词:分享式教学;艺术类高校;思政课;应用

党和国家一直高度重视思政课。2019 年,习近平总书记在高校思想政治理论课座谈会上就"为什么要办好思政课""如何办好思政课"等系列问题作出重要指示,为新时代思政课建设提供了方向指南。2022 年 4 月 25 日,习近平总书记在中国人民大学考察调研时,对思政课建设提出明确要求,"思想政治理论课能否在立德树人中发挥应有作用,关键看重视不重视、适应不适应、做得好不好"。而"青少年是最活跃的群体",不断推动思政课改革创新,需要把道理讲深、讲透、讲活。"改革创新是时代精神,青少年是最活跃的群体,思政课建设要向改革创新要活力"[1]。近几年来,以习近平同志为核心的党中央多次对思政课作出重要的指示和论断,让思政课老师在思政课课堂上下功夫有了更大的底气和生气。但是不同类型的学校,教学方式方法并不能通用。在新教学改革背景下,传统的教学方法已不再能满足多元化教学的要求,更别说艺术类高校艺术生在思想上与非艺术类高校的学生有着明显的差异。

一、目前艺术类高校学生思政课的现状

1. 艺术生的文化课基础相对较差,对思政课程兴趣不大

大多数艺术类高校的学生从小就接受艺术文化的熏陶,因而在思维方式和思维能

力方面与普通学生有所不同。他们更喜欢新鲜的、生动活泼的、不死板的事务。艺术类学生在高中就主抓艺术专业水平的提高，慢慢忽视了文化理论课学习，导致他们进入高校后，对思政课这类理论课程的学习更是提不起兴趣，这些课程在他们心中很难产生认同感。

2. 部分教师思想没跟上时代，思政力度有所欠缺

一般而言，思政老师所带的班级相对一些专业老师来说更多，承担授课任务更重。面对众多的学生群体，为了完成学校的教学任务，他们在授课方式上较为保守，很少考虑学生能否真正吸收所学知识。学生是被动地接受，久而久之对课程也会失去兴趣。另一方面，老师主要认为上完课就完成任务了，私下也并无过多交流。

3. 教学模式创新不足，难以激发学生自主学习

艺术类高校的学生与非艺术类高校学生的思想政治动态和发展方向都有着明显的区别，因为“大学生思维方式不可避免地要受各种消极因素的影响和制约，这就决定了大学生思维方式存在着一定的局限性和缺陷”[2]。高校的课堂教学模式大多都是讲授式、对话式和任务驱动式。讲授式教学主要是以老师讲授为主，学生听，而师生双方的信息可能不对等。就对话式教学而言，大部分课堂教学很难实现理想的三观教育的平等对话。任务驱动式教学则过分注重任务的完成，忽略了学生的深入思考和后续学习，难以激发学生自主学习和思考。

二、分享式教学在思政课中的应用

上好艺术类学生的思政课对思政老师来说非常重要，老师要从教学方法上下功夫，要结合艺术类学生的特点及专业情况，进一步发挥思政课的多样性，提高课堂的高效性，以升华学生思想品格。经过多年的教学实践，本人提出分享式教学，它主要是教师通过给每节课定课程目标，通过激励和指导，让学生自主开展相关活动后在课堂进行分享互动。它强调让学生去感知，去体验，去思考，并且通过分享后，能相互交流，相互思考，共同吸收所学知识。

以分享式教学在“思想道德与法治”课中的应用为例，教师主要实施的是分享式导入教学，即在第一节课上，教师讲清分享式教学的小组划分安排：每节课前 10 分钟进行课前分享活动，各班按课时一般分为 15 小组左右，每组一般不超过 5 人，各班根据自身情况自由组合。小组划分的依据有两点：(1) 相近原则，按照同宿舍、同地域划分，或者参照其他课堂已分好的小组来划分，以相近为主；(2) 互补原则，小组选好教

学任务,每人根据自身分享方式找寻不同特点的同学进行组合,比如由外向活泼的同学展示,写作能力稍强的写稿,审美能力强的制作 PPT 或者视频等。划分后的小组自行按课程目标选好主题,课下根据自己的专业进行相应准备,课上分享,分享形式不限。分享结束后,班上其他小组同学进行互动交流,自由发言,最后由当天分享小组同学总结,教师将学生分享内容进行提炼,与每节课的主题导入结合起来,既节省课堂时间,又能吸引学生尽快融入课堂。课后,根据每位小组成员分享情况给予平时加分。

目前,学生已尝试分享活动如下:(1)时政热点播报。学生自己找与“思想道德与法治”课相关的近期热点问题,再进行播报讲解。一般来说,播音专业学生多选择此项。(2)“习言习语”分享。共同学习习近平总书记与思政相关的文章或精神解读。(3)微电影主题拍摄。就课程相关的某个重难点,利用自己特色拍摄微电影。目前,部分班级在课堂下拍摄的电影已获得校级微电影大赛奖项。(4)红色电影赏析。学生从专业角度把思政课理论学习与红色经典电影赏析有机结合。(5)红色歌曲分享及赏析。从红色旋律中深刻感悟坚持真理、坚守理想的思想灵魂,探索红色文化元素。(6)经典红色书籍推荐赏析。通过阅读红色经典书籍,走进历史,重温激情燃烧的岁月。(7)红色经典诗歌朗诵。弘扬爱国主义精神,通过朗诵反映当代大学生积极向上的精神风貌。(8)课堂讨论辩论赛。学生自主定好主题,共同参与,拓宽知识面,培养团队合作精神。(9)课堂笔记大赛。把课堂上所做的笔记交给其他同学,以进行解读和分享,共同巩固课堂知识点。(10)红色书画分享。传承红色基因,是表达爱党爱国的另一种展示形式。(11)红色电影配音。“声临其境”,感受红色岁月,体验影视作品魅力的同时学习革命历史,营造良好的红色文化氛围。

三、分享式教学应用于思政课堂的实践成效

在为期四个月的分享式教学实践过程中,通过课堂观察、课后反思以及学生访谈和教师交流,综合分析了分享式教学的实践成效,笔者发现思政课堂的效果显著。

1. 提高学生的学习效率,促进学生综合能力的提升

分享式教学在实施过程中十分重视学生的参与,它需要学生在课下分工合作,课上进行分享,它能促进学生思维能力的提升,使学生形成自主学习的意识,提高学生的学习效率,促进学生综合能力的提升。

2. 提高学生对思政课的兴趣,增强对思想政治理论的学习

课堂上,教师充分考虑艺术类学生个性张扬和选择性强等特点,把音乐、美术、播

音等这些专业性的内容与思政课内容紧密结合。主题看似讲授音乐等文艺作品,实则鲜明地紧扣思政课相关主题。“思政课要让学生入耳、入脑、入心,必须要有画面感,要眼前更亮,耳边更动听”[3]。除此之外,教师需关注学生的生活经验,使学生参与课程分享,学生自己通过建构教学内容,感到课程有意义,提高对思政课的兴趣,加强对思想政治理论的学习。

3. 激发学生的学习主动性,增强学生间的团队合作意识

小组合作分享锻炼学生的合作能力及表达能力,不同的小组根据分享的内容以分享效果,老师给予不同的分值,一定程度上激发了学生之间相互竞争的心理,增强了学生的学习主动性。而小团队要达到更好的平时分值,每位同学的团队合作意识要更强。老师的肯定和鼓励也增强学生间的团队合作意识。

4. 教师专业知识得到拓展,素质和能力有一定提升

学生在分享式课堂中,会利用各种形式进行分享互动,学生获取信息的途径也有很多,而教师需要以不同的形式引导学生关注与课程目标相关的内容,并提炼出重点内容供同学们思考,所以老师们只有不断地优化专业知识,了解其他学科内容,才会让学生更愿意分享,师生才会有更多共同的语言,这侧面促进了老师专业能力的提升。

四、分享式教学在思政课中的问题反思

当然,分享式教学由于实践时间并不长,在课程教学中也存在不足。

1. 课前准备不足,课堂高效互动效果差

课堂分组合作准备是分享式教学的重要环节。有时分工不协调,导致部分小组只有小组长准备各项工作,其他少部分小组成员随机在网上找现成资料来进行分享,这导致小组成员对内容的把握不足,与其他同学在互动时不能引起共鸣,自说自话,没有达到预期效果。

2. 课堂分享活动目标不明确,分享不够精简

老师提前告知每个章节上课重点内容,但是有些小组分享的活动与目标相差较远,或者分享内容较多,远超课前 10 分钟的规定。教师有时候既想让学生充分分享展示,又害怕不能按时完成课堂任务,有时也会打断学生分享内容,赶课的情况时有发生。

3. 分享过于追求形式,实效性与针对性不够

部分小组分享形式新颖,比如唱红歌、朗诵等,但这种分享有时与该节课所要达到的教学目标没有太大关联,有时会出现课堂互动时极少数发言,或发言活跃但只是表面上的,思维并没有跟上的情况,并不能达到真正的有针对性和实效性。

4. 老师课堂总结提炼不到位,影响学生积极性

因为目前很多学校扩招,思政老师也相对更年轻化,部分老师经验不足。在面对学生分享观点时,部分教师总结语言单一,只是简单地重复学生的观点,并对学生的观点进行补充,赞同观点也仅用"分享非常好""私下做了一定的努力"等简单的语句来点评,没有深层次的思考,甚至有时候不能回答学生的反问,因此,学生的积极性也会受到一定的打击。

五、分享式教学活动的优化策略

"任何教学模式的存在都有其特定的条件,只有在这些条件得以具备,在一定教学思想指导下进行优化组合,形成最佳方案时,才能发挥应有的效用"[4]4。针对以上问题,可从以下几点去优化分享式教学活动。

1. 研究课程大纲及教案,精心设置分享主题

思政课教学大纲具有一定的权威性和科学性,也是帮助教师集体备课、开展教学工作的根本依据。教案是教师根据不同专业特点而制定的上课法宝。如果想要让分享式教学达到最佳效果,就可以精心设置分享主题,在大纲和教案中去努力贴近学生实际情况,多用通俗易懂的语言、新颖的形式,启发学生多思考,达到升华学生的情感作用,增强教学效果。比如,唱红歌的分享讨论,表演班的同学可以演绎红歌情景,传媒专业的学生可以挖掘红歌背后的意义,老师在主题设置前就给定几个红歌主题,做好备课准备,教案写得更详细些,提前查找所有相关资料,而不是等学生随机选择后,才发现所选歌曲并不是红歌等。

2. 提前审查分享内容,确保分享内容与课程匹配

在落实课程教学要求基础上,全面、系统、深刻地对思政内容进行讲解,切实提升学生的理论素养和对实践问题的理解能力,确保学生能够将思想政治教育融入分享主题,引导大家向上、向善。对所有需要在课堂上分享的主题和详细内容框架进行审查,禁止出现与党和国家的政策方针、法规以及相关规定和要求不相符的内容,确保分享

内容价值观导向正确。也要注重内容的时效性、实用性和针对性。根据学生的专业性,加强对于内容时效性、实用性的审查。特别是对于表演专业、视传专业等学生挑选的内容,要提高政治站位,及时剔除陈旧过时、个性过于鲜明的内容,确保所分享内容落脚点与思政课课程相关。

3. 提高分享活动所占成绩分值比例,激发学生参与积极性

分享式教学课堂形式要多样化,既要有教师的讲授,也要有学生的演讲、辩论、表演等。教师对学生的考核评价方式也要创新,不能简单地以平时出勤、课后作业定优劣,也不能简单地以书面答题方式考核结果作为课程教学评价分数。因为思政课是政治修养课,具有价值引领性和道德规范性,强调学生要做到"知行合一"。在学生平时分上,思政课教师把专题内容分享所占成绩分值比例最大化,有利于全方位考察培养学生综合能力,提高学生对分享活动的重视程度,激发学生的参与积极性。

4. 提高教师理论水平,提高教师教学能力

在全国高校思想政治工作会议上,习近平总书记指出,"教师是人类灵魂的工程师,承担着神圣使命。传道者自己首先要明道、信道。高校教师要坚持教育者先受教育,努力成为先进思想文化的传播者、党执政的坚定支持者,更好担起学生健康成长指导者和引路人的责任"[5]。要做好教学研究就要不断转变教育教学观念、改变教学方式,按照教育教学规律探索一套行之有效的研究方法。教学研究同其他科学研究一样,要有理论性、科学性、前沿性、应用性和示范性[6]。教师可通过参加培训、参加教学能力大赛等来提升自身理论水平,比如从语言方式上下功夫,通过一些比喻、类比等语言方式合理阐释教学内容,以学生能够理解的、感兴趣的表达方式将政治性、逻辑性强的教材内容合理转化为他们能够理解和接受的学习内容,促使他们在正确理解马克思主义理论的基础上,真正形成自己的理性认识。另外,学校也可以建立良好的评价机制,激励教师共同提高专业能力。

在艺术类高校思政课堂中,分享式教学可以充分将艺术类专业与思政课教学相融合,发挥艺术生专业特长在思政课教育中的作用和影响,充分发挥专业优势,运用课程内容革新与学习方式变革,让学生不再认为思政课是枯燥无味的,促进思政课教学有虚有实、有棱有角、有情有义、有滋有味,增强学生的获得感,满足学生成长发展需求和期待。

(徐小莉,武汉传媒学院思想政治理论课部讲师)

基金项目:本文系武汉传媒学院2021年校级教学改革研究项目"情景教学模式下艺术类高校思政课教学初探——以《思想道德与法治》课为例"(编号:20212212)阶段性成果。

参考文献

[1]田丽,赵婀娜,黄超,等.大思政课,总书记心中的一件大事[N].人民日报,2022-05-22(1).

[2]邹佰峰,李杨格乐.情景教学过程中的大学生思维方式培育研究——以思想政治理论课为例[J].黑龙江高教研究,2013,31(5):161-163.

[3]顾晓英.提升思政课课堂学生"抬头率"的思考与实践[J].中国高等教育,2018(2):39-41.

[4]钟海清.教学模式的选择和运用[M].北京:北京师范大学出版社,2006.

[5]习近平在全国高校思想政治工作会议上强调:把思想政治工作贯穿教育教学全过程 开创我国高等教育事业发展新局面[N].人民日报,2016-12-09(1).

[6]高胜利,杨奇,陈三平,等.如何做好高校教学研究[J].中国大学教学,2013(4):23-25.

提升民办艺术类高校思想政治理论课教学实效性探究

◈ 胡凡凡

摘要:思想政治理论课是高等学校进行思想政治教育的主要阵地,是弘扬马克思主义思想的主渠道。民办高校同属于我国高等教育的一部分。提升民办艺术类高校思想政治理论课教学实效性是改进和加强高校思政课的一个关键环节,也是为国家培养新一代政治坚定的文艺工作者的迫切需要。

关键词:民办艺术类高校;思想政治理论课;教学;实效性

习近平总书记在2019年3月18日讲话时强调,思想政治理论课是落实立德树人根本任务的关键课程,青少年阶段是人生的"拔节孕穗期",最需要精心引导和栽培,我们办中国特色社会主义教育,就是要理直气壮开好思政课[1]。开好思政课的关键就在于提升思政课的教学实效性。娱乐圈艺人的连续"塌方"再次警醒我们,提升文艺工作者的思想政治素质迫在眉睫。2018年12月国家第三次修改了《中华人民共和国民办教育促进法》,规定我国民办教育是公益性事业,是我国教育事业的重要组成部分。民办艺术类院校作为我国高等教育的重要组成部分,承担着为社会培养专业型人才的任务。随着我国教育开放程度的提升,民办院校的地位也越来越突出。当前,如何结合民办艺术类院校学生的特殊性和高校人才培养目标,开展具有针对性的思政课教学,进一步提升思政课教学实效性,是民办艺术类院校迫切需要解决的难题。

一、民办艺术类院校思政课教学的现状

1. 学生课堂沉默现象严重

课堂沉默是指大学生在课堂上表现出来的一种消极冷漠态度,不主动配合教师、

不积极参与课堂教学过程的一种行为。民办艺术类院校学生自控能力较差,部分学生沉迷游戏视频,手机依赖度较高,对于课堂知识性学习不主动、也不感兴趣,但迫于授课教师考勤压力而不得不到课,迟到现象也很普遍。他们很少关注授课教师的教学活动,或在后排睡觉,或玩手机,或看其他书籍,或与同座窃窃私语,学习兴趣索然。这种“身在教室心在外”的情况严重影响了思政课教学的实效性。

2. 教师流动性较大

民办院校办学性质与公办学校有着本质的区别,民办院校是在国家政策允许之下自主管理、自负盈亏,这直接导致与公办教师相比较,民办院校教师福利待遇差距较大,教师获得感不强。为了控制成本,民办院校更多地选择刚毕业的年轻教师,而这些年轻教师选择机会也相对比较多。各方面的影响导致出现“铁打的营盘流水的兵”的现象,民办院校教师流动性较大。近年来,高校招生规模逐步扩大,导致教师资源极度紧缺、学生质量参差不齐等一系列问题。民办院校思想政治理论课教师本身流动性就大,加上学生人数的增加,就使得思政课专职教师人数无法满足全校思政课教学工作量的需求,学校就不得不从思想政治教育专业以外的其他各个院系吸收相关兼职教学人员,这必然会导致思政课教师队伍来源和学科背景的多样化,使得思政课教师队伍良莠不齐,使得教学压力骤增,最终也会影响思政课教学的实效性。

3. 学校重视程度不够

部分民办院校只重视与学生就业相关的专业课程或其他技能大赛,忽视了公共课程,尤其是思政课这样的理论课程。它们认为思政课对学校招生就业影响不是很大,它只是一门政治宣传性质的理论课程。虽然说民办艺术类院校以培养专业技能型人才为主要任务,专业课程确实需要投入更多的精力和时间,但是思想政治教育也是不可或缺的。习近平总书记强调思政课不可替代,是培根铸魂的课程。民办艺术类院校的学生不仅要掌握扎实的专业技能,也要全面提升自身素质,力争德艺双馨。如果只一味地关注招生和就业率,计算教学投入产出的经济效益,那么就无法实现思政课教学的实效性。另一方面,民办院校的办学主体为民间的各类组织甚至是个人,办学的各项费用都是由组织和个人提供,思政课教学投入无形会增加学校办学成本,短期内不能创造直接的经济效益,所以学校对其的重视程度不够。

二、影响民办艺术类院校思政课教学实效性的原因分析

1.学生对思政课认识不足,价值取向功利化

在全球化和市场经济条件的影响下,在各种社会思潮的冲击下,高校学生的价值取向存在不同程度的扭曲。特别是民办艺术类院校学生,从小接受教育的成本就相对比较高,他们的价值追求更加趋向功利化,更注重实际效益。在招工这个现实问题上,用人单位考虑更多的是学生是否具备胜任岗位的专业技术技能,而忽略了学生的个人品德素质以及思想政治发展情况。学生为了迎合市场用工的需求,再加上民办艺术类院校学生本身对于文字型的课程学习兴趣就不大,学校也不够重视思政课这样的公共课程建设,这些都导致他们只注重专业课的学习而忽视公共课的学习,认为只要学好专业课,有专业技能,就可以找到一份好工作,对思政课这样的公共课程,修满学分就可以了,所以他们在思政课上不积极主动参与课堂。

2.思政课教材内容繁多,偏重理论化

思政课教材是国家统编的教材,是进行思想政治教育的核心教育教学材料,各门课程不同程度地宣传马克思主义基本立场、观点和原理,对大学生进行思想意识形态教育,其内容偏重理论性,有些语句比较晦涩难懂。思政课教材是学生了解思政课的第一手资料,对于民办艺术类院校学生而言,思政课教材的强理论性使得艺术类院校学生对思政课产生高深、晦涩的印象,这在一定程度上削弱了思政课的吸引力,教师很难激发起学生的兴趣。再加上高校思政课教材内容与中学政治教材内容重复较多,教材针对性较弱,没有针对艺术类院校学生特点增删内容,所以很难调动他们的学习积极性。

3.思政课教师生存压力较大,上升渠道较难

民办院校思政课教师队伍偏年轻化,很多都是刚走出高等学校的毕业硕士生,他们需要迅速转换角色进入工作状态,他们也面临着来自家庭、生活和工作的各方面压力。民办院校思政课教师部分毕业于非师范类院校的哲学、马克思主义理论、政治学等学科专业,欠缺专业教学训练,他们的理论知识和社会阅历也不够丰富,不能灵活运用所学知识与教材知识,课堂授课容易局限于课本内容,需要投入数倍的时间和精力研读课本,钻研相关学科知识。另一方面,民办院校教师的福利待遇跟不上其他院校教师,教师流动性较大,不能满足国家规定的师生比,这造成民办思政课教师课堂授课

的工作量一般比学校规定的基本工作量要多得多,使得教师可供学术研究的时间少之又少。而学术研究能力对于高校教师来说非常重要,既制约教师的教学水平,也影响着教师的职称评定。作为一名年轻的思政课教师,一方面想要把教学本职工作抓好,一方面想要做好学术研究,如何平衡这两者之间的关系是一个难题。

三、提升民办艺术类院校思政课教学实效性的对策

1. 贴近艺术类学生实际,提升教学内容的针对性

思政课教材既是学生学习的基本依据,也是教师教学的基本依据[2]。全国高校(不分层次)统一使用高等教育出版社出版的马工程教材。该套思政课教材理论性、权威性强,内容体系全面,但艺术类学生理论基础差,思政课很难达到理想效果。要提升思政课教学的实效性,必须对思政课教材内容有所取舍,使思政课既有料又有趣[3]。首先,选择重点的基础性知识点,针对学生特点适度降低思政课难度。教师在教学内容的选择上要反复斟酌,选择既是重点又是基础性的知识讲解。其次,增加艺术类学生感兴趣的内容,如人文知识、文艺创作、历史故事等。思政课是一门集思想性、政治性和理论性于一身的意识形态课程,如果只一味地偏重知识点的讲解,思政课就会变得枯燥乏味,从而降低学生的学习兴趣。针对民办艺术类院校学生的学习特点,保留必要的理论知识,增加人文知识的比重,迎合艺术类院校学生的学习兴趣点。最后,淡化教材语言的文本化。马工程教材语言的表达偏重文本化,有些语句晦涩难懂,不适合艺术类院校学生的阅读学习。针对艺术类院校学生的听读习惯,教师在教学时,需要钻研教材,既要传达教材的政治性,又要使语言表达朴素自然、深入浅出。

2. 加强教师队伍建设,提高思政课教师的整体素质

2020 年 1 月,教育部发布了《新时代高等学校思想政治理论课教师队伍建设规定》,进一步要求高等学校要落实全员育人、全程育人、全方位育人,调动一切力量全力配合思政课教师开展教育教学工作,提升思政课教育效果。习近平总书记强调,办好思想政治理论课关键在教师,关键在发挥教师的积极性、主动性、创造性。思政课教师,要给学生心灵埋下真善美的种子,引导学生扣好人生第一粒扣子[4]。思政课教师是直接影响学生接受思想政治教育的关键,教师自身的素质和感染力直接影响着学生对思政课学习的兴趣,对思政课教学的实际效果也产生直接的影响。因此,加强民办院校思政课教师队伍建设,是提升思政课教学实效性的迫切需要。首先,提高思政课教师福利待遇和话语权。民办院校教师福利待遇普遍比较低,学校各层面不重视思政

课教师，思政教师在学校像“透明人”，学校留不住人才，有经验有能力的教师都跳槽去了更好的学校。民办院校想要提升办学能力，首当其冲的就是要提高教师各方面待遇，解决他们的后顾之忧，让他们能全身心投入教学科研。其次，拓宽渠道，加大思政课教师的培育、培训力度。各级政府主管部门应在思政课教师队伍后备人才培养专项支持计划、国内访学等项目中，加大对民办高校的支持力度；民办高校自身应制定思政课教师培养规划，引育并重[5]。采用“引进来，走出去”的办法，引进优秀的学者做学术报告，让思政课老师感受专家学者们深厚的马克思主义理论功底和讲授能力。有计划、分批次地组织院内青年教师外出学习、考察、交流，以开阔其视野，提高其教研水平。通过开展学术交流、集中研讨、教学竞赛等，使老师们寻找差距、明确方向、提升自我。最后，学校领导要转换观念，适当加大思政课经费的投入力度。民办院校为了提高就业率普遍重视专业课的建设，在经费投入上更加偏重专业课而忽视对思政课这样的公共课的建设，导致思政课教师积极性不高。学校应该落实教育部的思政课经费投入政策，建立、完善各项表彰奖励机制，激励思政课教师既要站稳讲台讲好思政课，也要立足科研。

3. 创新教学方式方法，提升思政课的亲和力

要提高思政课的实效性，必须树立创新意识，结合艺术类院校学生特点不断创新教学方式方法，提高思政课教学魅力和亲和力，吸引学生积极参与课堂活动，使思政课理论知识内化于心、外化于行。首先，教师应该更新教学观念。目前大多数高校思政课堂采用“满堂灌”的“灌输式”教育观念，教师思维局限在课本的框架结构里，只把重点放在理论知识的讲授上，教师在讲台上讲得“唾沫横飞”，学生在下面听得昏昏欲睡。新时代的思政课教师应该积极探索新的教学理念，以新媒体为媒介，实行线下线上相结合的教学新模式，把学生从游戏的世界里吸引到思政课堂上，提高学生的抬头率。在教学内容的选择上，针对艺术类院校学生的特点，选择更贴近他们生活的实际案例，让理论更贴近生活、贴近学生，采用情景剧式、讨论式、启发式教学方法，增强思政课堂的吸引力，让学生积极参与课堂活动。其次，改革传统的试卷考核方式。现行的思政课考核方式主要采用期末考试成绩加平时成绩，主要考查学生对教学内容的识记能力。再者，艺术类院校的学生对知识记忆不感兴趣，识记能力也较弱，动手能力比动脑能力强。针对艺术类院校学生的特点，思政课应采取灵活多变的考核方式，除了期末考试外，还可以组织红色专题演讲比赛、唱红歌比赛、模拟某次会议、情景表演、拍视频 vlog 等多种方式对学生进行综合考评。最后，加强实践课教学建设，把实践课落到实处。思政课教学主要以教室为主要场所，这是思政课教学的第一课堂。加强校外

实践教学环节建设,采取学生喜闻乐见的形式,把思政课教学延伸到课堂之外。教师应该积极引导学生参与社会实践活动,组织学生开展社会调查、参观访问、志愿活动、大型公演等,引导学生理论联系实际,了解各种社会问题的实质,提高解决问题的能力。

提升民办艺术类院校思政课教学实效性,不仅是民办高校提升学校教育质量的内在发展需求,也是高校学生自身素质全面发展的主观需要,更是为社会主义建设培养具备坚定的马克思主义信仰的文艺类人才的客观要求。我们既要一以贯之地认真学习、贯彻习近平总书记系列重要讲话精神,也要认真钻研国家关于民办高校的制度政策,不断推动思政课教学改革创新,提高思政课教师教学能力,提升思政课教学实效性,为社会主义建设培养合格的接班人。

(胡凡凡,武汉传媒学院思想政治理论课部助教)

参考文献

[1][4]习近平主持召开学校思想政治理论课教师座谈会强调:用新时代中国特色社会主义思想铸魂育人 贯彻党的教育方针 落实立德树人根本任务[N]人民日报,2019-03-19(1).

[2]高永强.论提升思想政治理论课亲和力及应注意的问题[J].本科思想政治理论教学,2017,(6):82-85.

[3]梅传声,毛亚梅.关于民办高校思想政治理论课建设的思考[J].学校党建与思想教育,2019(22):53-54.

[5]张辉.新时代民办高校思政课教师队伍建设探究[J].学校党建与思想教育,2021(12):56-58.

新时代高校思政课教学改革的问题与对策

◈王　辉

摘要：新时代背景下，高校已经成为当代大学生思想政治教育的核心阵地，肩负着培养高素质、高水平人才的重任。随着素质教育改革的不断深入，高校思想政治教育改革已成为必然趋势。然而在诸多主客观因素的作用下，高校思想政治教育改革的现状并不乐观，急需采取针对性的对策，有效地解决高校思想政治教育改革中存在的问题。因此，本文阐述了新时代高校思政课教学改革的必要性，针对当前高校思政课教学改革面临的突出问题，提出了相应的改革对策，并论述了其改革重要意义。

关键词：新时代；高校思政课改革；问题；对策

党的十八大以来，习近平总书记牢牢把握思想政治教育工作对社会发展的重要贡献，特别强调了思想政治教育在思想领域的重要作用。他从思想建设工作入手，结合我国教育现状，多次发表重要讲话，丰富了中国特色社会主义的教育内容，指明了中国特色社会主义教育事业发展的新方向，形成了习近平新时代思想政治教育的重要论述，为新时代高校思政课教学改革指明了前进方向。

一、新时代高校思政课教学改革的必要性

1. 习近平总书记关于推动高校思政课改革的系列讲话精神

在素质教育的背景下，中国特色社会主义思想在指导我国现代化建设中发挥着至关重要的作用。把中国特色社会主义思想融入高校思想政治教学，有助于促进课程教学质量的提高，为学生的学习和成长创造理想的条件。习近平总书记站在治国理政的高度上提出了新时期思想政治教育创新的方针，要求高校思想政治课程不断创新，不断提高高校思想政治课教学质量。习近平总书记关于思想政治教育的重要论述，内容丰富，思想深刻，是对共产党长期进行思想政治教育经验的继承和发展。

2012 年,中国共产党第十八次全国代表大会明确提出了“三个倡导”,对社会主义核心价值体系作了精炼概述。2016 年在全国高校思想政治工作会议上,习近平在讲话中科学地回答了高校人才培养的问题,进一步明确了高校思想政治教育工作的目标、任务和思路。2017 年,习近平总书记在党的十九大报告中强调了思想道德建设的重要地位,对新时代思想政治教育工作提出了新的要求。在十九大精神的指导下,教育部在高校思想政治教育教学课程改革创新的过程中,明确提出要把学习贯彻党的十九大精神作为新时期的重要切入点,全面、深入地贯彻落实党的十九大精神,提高思想政治教育在理论优势下的教学效果。

2. 习近平总书记在学校思想政治理论课教师座谈会上的重要指示

习近平总书记在学校思想政治理论课教师座谈会上深刻阐述了办好思想政治学科建设的重大意义,深入分析了教师的关键作用,提出了推进思想政治课程改革创新的“八个统一”新要求,增强了广大思想政治教师更好地开展思想政治工作的信心和决心,同时指出推进思想政治理论课改革创新要不断增强思想政治理论课的思想性、理论性、亲和力和针对性,为今后思想政治学科的建设与发展提供了重要指导。

教好思想政治理论课必须做好立德树人的根本任务。无论何时,都不应忘记为党育人的初衷,不能改变为国家培养人才的立场。思想政治理论课的改革目标必须始终围绕中华民族的伟大事业,必须为中国共产党和我国社会主义制度培育一代又一代立志为中国特色社会主义事业奋斗终身的新时代青年。推进思政课改革必须深刻认识到,只有坚持以立德树人为根本任务,全面贯彻党的教育方针,着力解决好培养什么人、怎样培养人、为谁培养人这个根本问题,才能让党和国家的事业兴旺发达,才能推进伟大事业,实现伟大的梦想。

二、新时代高校思政课教学改革面临的问题

1. 思政课教育资源严重不足,师资队伍有待完善

目前,高校思想政治课教师的数量严重不足,远远不能满足教学需求比。思想政治教师中还有很大一部分是兼职教师,这部分教师没有相关的学术背景,这就导致了高校思想政治课专职教师队伍的建设难以形成规模。高校兼职思想政治教师不仅要参与学生管理,还要承担一定的行政工作。因此,兼职教师在思想政治教育实践教学中,不能全身心投入教学,学生的课堂反馈往往较差。由于高校思想政治课教师的缺乏,大部分高校采取联合班教学的模式,这不仅加剧了师生之间的距离

感，而且减少了师生之间的互动和讨论。此外，高校思想政治课专职教师队伍人员流动相对较大，相应的教师队伍建设难度也较大，学校对思想政治课建设的重视程度还远远不够。

同时，思想政治教师的综合素质也有待提高，从一定程度上说，高校思想政治教学质量的提高离不开高素质的思想政治教师。一些高校在素质教育的背景下，没有根据思想政治教育改革的具体要求，对思想政治教师培训的具体内容进行优化和调整，也没有系统地培养思想政治教师。当前，高校思政课教师队伍不完善的问题，主要表现在高校教师内外工资有差距、内外人员负担的工作量不同等方面。此外，职业倦怠、福利待遇等问题导致思想政治专业人才不断流失，这又严重影响了思想政治教师队伍的稳定性。因此，高校必须完善相应的薪酬体系和建设评价体系，缩小甚至消除编制内外职工工资待遇之间的差距，努力将工资福利待遇与工作量挂钩，适当缓解目前高校思政课教师队伍不稳定和不完善的问题。

2. 思政课教学流于形式，教师讲解缺乏深度

目前，部分思想政治教师在工作积极性和教学方法上存在一些问题。一方面，一些高校教师致力于科研，注重课题，不愿从事一线教育教学工作；有的教师不认真教书，把主要精力集中在第二职业上，对待思政课教学敷衍了事。另一方面，部分教师缺乏教学艺术，教学研究不深入，教学方法落后，教学过程中缺乏与学生的情感交流。中共中央宣传部和教育部关于高校政治理论教学的有关要求，“高校思想政治教育理论课要加强实践环节”。实践教学是高校思想政治课教学的重要环节。但高校思想政治实践有的止步于教学观念的转变，有的则在教学方法、课程设计等方面进行了实践探索，教学水平参差不齐。

思想政治课教学方法单一，课堂讲解缺乏深度和广度。思想政治课程本身具有较强的思想性和理论性，为了保证思想教育的基本效果，必须采取一定的灌输和说教方式。同时，教材的不断更新和内容的集中，对教师教学提出了更高的要求。这就要求教师要把更多的精力放在学习教材、收集材料、拓展知识等方面。但在实践教学中，教师对基本理论知识是以粗略的方式传授的，针对国际和社会关注的热点问题没有深入的解释。虽然所有高校都在按照国家思想政治课程大纲开设课程，但高校的思想政治教师在教学内容的设计上，大多没有结合学生的学科特点和学校的发展现状。

3. 考核评价体系不完善，学生学习动力不足

由于长期以来受应试教育的影响，思想政治教师对教学思想的优化和完善不够重视，仍然采用传统的教学思想，没有注意对先进教学思想的优化运用，“以人为

本”的教学理念尚未付诸实施,这导致思想政治教学质量低下,严重影响了思想政治课教学改革在各个方面的有序开展。一些学生没有意识到思想政治课的重要性,简单地认为思想政治课是对初中和高中知识的重新呈现,自然无法对思想政治课感兴趣。据调查,近50%的学生认为思想政治课不太重要,与其未来工作密切相关的专业课程相比,学生在思想政治课中主要考虑的是考试及格、完成学分、简单应付课堂等问题。

当代大学生对高校思想政治课的重要作用认识不够,主动学习的内在动力不足,对思想政治理论课的认识大多停留在表象上。其原因主要有四个:一是教学内容枯燥,抽象性和说教性使学生望而却步。二是该课程一般是各专业学生的公共课程,学生对此重视不够。三是教师的人格魅力不足,教学方法也往往存在缺陷,这也使得思想政治教学难以取得较好的教学效果。四是大学生习惯于认为高校思想政治课并不重要,这就导致了学生对思想政治课的学习热情低下,主动学习的内在动力不足,甚至有些学生只是为应付考试、完成学分而学习。

4. 多方意识形态的冲击,误导大学生价值观

各种社会思想对大学生群体产生了很大的影响,网络文化和浮躁的社会氛围深深地影响着学生的价值观。随着网络文化的兴起,使用手机的学生越来越年轻,许多学生花在互联网上的时间越来越多。网络帮助学生开阔了视野,但也有一些网络垃圾出现在学生的视野中,同时,网络放大了社会上急功近利、拜金主义、娱乐至死等不良风气,这对学生人生观的树立产生了负面影响。

当前,国内外复杂的社会环境对高校思想政治课教学产生了深刻的影响。我国正处于改革和发展的关键阶段,发展不平衡、不协调、不可持续的矛盾和问题突出。社会结构的深刻变化和利益格局的深刻调整,导致了利益诉求多样化。特别是随着互联网和新媒体的推广,各种社会思潮和不良信息随处可见,这些都影响着高校师生的价值观和思想认识。社会环境严重影响了高校思想政治课教学工作的有效开展。

三、新时代高校思政课教学改革的对策建议

1. 实施思政教师专项计划,建设思政课师资队伍

重视思想政治教师综合素质的提高,高校应在思想政治教学改革内容的基础上,根据思想政治教学中存在的问题,全面、准确地把握思想政治教师教育教学的各个方面。优化和调整人才培养计划,定期对思想政治教师进行全面、系统的培训,学习思想

政治学科的最新思想和理论，通过免费进修、交流经验等渠道，不断提高思想政治教师的专业技能，拓展思想政治教师的视野，进一步提高思想政治教师的自身素质，使其更好地致力于新时代的思想政治教育教学工作。

要重视和加强教师教学能力的培养，继续完善思想政治教师专项计划。第一，要按照流程严格进行教师招聘，按照高校思想政治课教师的选拔、任用的条件和要求，认真考核和严格选拔教师。关于思想政治教师队伍建设，要把政治上可靠、教学上实干、有勇于改革和创新精神的同志真正选拔出来。第二，要在政策支持、工作条件、工作晋升和待遇保障等方面建立教师教学的动力机制，切实落实和真正体现对高校思想政治教师的重视，营造全校关心和支持高校思想政治课教学的氛围。第三，要定期组织专职教师，特别是兼职教师，参加各种高层次的专题学习和培训，加强对思想政治教师的教学和专业技能的培训，增强教师勇于回应学生问题的勇气和解决疑难的理论底气，以解决大学生的深层思想问题。

2. 发挥教师的主观能动性，深化思政课教学内容

高校思想政治课教师是高校思想政治课程改革的主要参与者和实践者，大多数教师奋战在改革一线，因此我们要积极采取相关激励措施，充分发挥教师的主观能动性。在这一过程中，高校应根据思想政治教学改革的现状和特点，引进优秀人才，优化思想政治教师结构，切实提高人才队伍的稳定性，更好地开展思想政治教学改革工作。高校思想政治教师队伍的建设直接关系到高校思想政治课程改革的成效，如何调动高校思想政治教师的积极性，使他们积极参与教学改革，是思想政治课程改革成败的关键。

高校思想政治教育改革要得到教师的积极参与和支持，必须做好以下工作。首先，要让思想政治教师不仅成为改革的执行者，同时也要成为改革的受益者。高校思想政治课程改革是一项艰巨而复杂的工作，需要广大教师的充分投入。在改革和学科建设中要给予思想政治教师一定的物质奖励，使思想政治教师有时间和精力去学习和实践。其次，在制定高校思想政治课程改革政策时，教育主管部门和高校应把思想政治课程改革的主要执行者和实践者作为一个重要的考虑因素。无论改革的目的多么重要，前景多么广阔，如果改革的实施力度不够，其结果往往会半途而废。因此，高校思想政治课程改革既要符合客观现实，又要具有可操作性，同时也不能忽视广大思想政治教师的积极性和主动性。

3. 激发学生的内在积极性，创新思政课教学模式

思政课改革要强调以学生为中心的教学理念，激发学生的内在积极性。高校思想

政治课教学理念要适应时代要求,顺应时代发展变化。因此,思想政治教学改革应以学生的全面发展为目标,积极引导学生将所学知识内化于心,最终适应时代的需要。思想政治教学观的改革必须以学生为本,以培养学生为首要目标,要充分了解学生的需要,创新适合学生发展规律的教学理念。

新时代背景下,新媒体迅猛发展,网络已成为当代大学生学习和生活不可或缺的重要组成部分。创新思政课教学模式,可以借助图片、动画、音频等手段,使思想政治课枯燥乏味的知识更加生动,有效提高班级学生参与课堂教学的积极性。在思想政治教育改革中,教师要正确认识微信、微博等新媒体。在微信、微博等新媒体平台的帮助下,结合思想政治课的内容,教师应向班级学生推荐具有代表性和权威性的网页。要求学生积极浏览网络上的思想政治课相关知识,科学预习相关章节内容,提高预习质量,借助新媒体平台,自我测试,了解自己掌握的新知识,有针对性地进行学习,掌握科学的学习方法。教师还可以利用新的媒体平台对学生进行多方面的检测,全面了解课堂上学生存在的疑惑,以优化和调整课程内容,优化课堂教学方法,不断提高思想政治课的教学水平。

4. 重视思政课的政治属性,坚定大学生政治立场

当前,国际形势纷繁复杂,我国也正处于社会变革的关键时期。各种社会思潮在意识形态领域相互激荡。习近平总书记指出,“在如此复杂的环境下,保持理论清醒,坚定政治定力是非常重要的”。马克思主义是一种科学的理论,具有强大的思想属性,是思想政治教育的重要指导思想。思想政治教育是思想政治工作的一个重要方面,加强马克思主义教育是思想政治教育的重要内容。坚持政治定力的最根本要求是坚定不移地坚持马克思主义,坚持走中国特色社会主义道路,提高对马克思主义理论的认识,增强大学生对马克思主义及其中国化理论的信心,使其保持清醒的意识,坚定政治定力,坚持不懈地追求共产主义的崇高理想和奋斗目标。

随着信息技术的进步和新媒体的发展,学生的生活方式、学习方式和思维方式发生了巨大的变化。创新思想政治教育的改革模式需要大胆创新。传统的理论教学已经完全无法满足学生个性发展的需要,为了弥补传统课堂教学的不足,有必要采用多样化的教学方法,开展多种思想政治教育活动。教师要积极探索新的实践和教育载体,围绕社会热点问题引导学生开展社会实践,鼓励学生走出校门、走向社会,真正做到学以致用。

四、新时代高校思政课教学改革的重要意义

思想政治课程改革的重要性体现在许多方面。第一,思想政治教学改革有利于优化课堂教学形式,丰富课堂教学内容,建设高效的课堂,不断激发学生的学习兴趣,有效提高学生参与课堂教学的积极性,保证思想政治课教学目标的顺利实现。第二,高校思想政治课程改革有利于对学生进行有针对性的思想政治教育,有助于他们树立正确的“人生观、价值观、道德观”,形成正确的价值取向,使他们提高识别网络中各种不良思想的能力,正确看待各种社会现象,努力学习专业理论课的知识和技能,树立积极向上的人生观,塑造健全的人格,更好地成长为新时期需要的高层次人才。第三,高校思想政治改革也有利于教师更新传统的教学理念,不断提高课堂教学的整体水平,提高思想政治教学的效率和质量,有利于构建和谐校园,促进高校走上健康稳定发展的道路。

在新时代背景下推动高校思想政治课程的改革创新,就要认真学习、贯彻落实习近平总书记在学校思想政治理论课上的重要讲话精神,全面贯彻党的教育方针,充分发挥思想政治教师的积极作用,坚持“八个相统一”的新要求。切实推进思想政治课程改革创新,增强思想政治课的思想性、理论性、亲和力和针对性,着力解决好培养什么人、怎样培养人、为谁培养人这个根本问题,坚定为党育人的初衷,培养出更多支持中国共产党和我国社会主义制度的有用人才。

青年是祖国的未来,是民族的希望。青少年的价值取向决定了整个社会未来的价值取向。作为高校必修课,思想政治理论课程在大学生人生观、价值观和世界观的培养中起着非常重要的作用。在高校思想政治课教学活动改革创新的过程中,我们必须站在党的十九大精神新高度,以习近平总书记提出的新时代中国特色社会主义思想为指导,对大学生思想政治课教学活动进行改革和创新,用先进的思想武装大学生群体,突出思想政治教育的政治性,真正把大学生培养成社会主义建设者,为实现中华民族伟大复兴的中国梦做出贡献。

(王辉,武汉传媒学院思想政治理论课部教师)

参考文献

[1]李巧针.新时代高校思政课教学改革:问题与思路[J].中国大学教学,2022(Z1):102-106.

[2]窦红莉,王想平.深化高校思想政治理论课改革的三个着力点[J].中学政治教学参考,2022

(4):28-30.

[3]谢赛银.教育现代化对高校思政课教学改革的影响[J].现代教育管理,2021(1):45-52.

[4]楚国清.大力提升新时代高校立德树人成效——学习习近平总书记关于立德树人的重要论述[J].北京联合大学学报(人文社会科学版),2021(3):1-6.

[5]刘新刚,裴振磊.高校思想政治理论课建设、改革和创新的规律性认识和成功经验[J].思想理论教育导刊,2020(8):97-101.

[6]陈旭.立德树人培根铸魂高校思政课改革创新的重要遵循——学习习近平总书记在学校思想政治理论课教师座谈会上的重要讲话[J].人民论坛,2019(11):6-8.

课程建设

大中小一体化建设背景下推进高校思政课高质量发展的思考*

◇ 罗晶晶

摘要：进入新时代，踏上新征程，高校思想政治理论课迎来了高质量发展的新阶段。近年来，大中小思政课一体化建设成为了提升学校思政课教学质量的重要抓手。在大中小思政课协同发展的理念下，各高校应通过制度设计、师资队伍建设、课程衔接、教学方法的优化来促成思想政治理论课的高质量发展，将其打造为立德树人的灵魂课程。

关键词：大中小一体化；高校思政课；高质量发展

引 言

党的十八大以来，中国特色社会主义建设进入新时代，这对学校思想政治理论课的建设也提出了新要求。习近平总书记在学校思想政治理论课教师座谈会上强调，"思政课是落实立德树人根本任务的关键课程，思政课作用不可替代，思政课教师队伍责任重大"[1]。总书记在学校思想政治理论课教师座谈会上的重要论述，深刻阐明了办好学校思政课的重大意义，为高校在新时代把握思政课建设和发展基本规律，理直气壮开好思政课提供了根本指导。

正如习近平总书记所言，人的成长、成熟、成才不是一蹴而就的，这就跟人的生理发育一样，是一个渐进的过程。思想政治教育作为培养人的工作，要为国育才，为党育人，必然也要遵循人的成长发育规律，也应当是一个渐进发展的过程。为此，我国在小

* 本文系2021年武汉传媒学院校级教学改革研究重点项目"基于移动教学平台的同伴教学法在思政课教学中的应用研究"（XJ202106）的阶段性成果。

学、初中、高中、大学连贯地开设思政课,希望在学生成长成才的不同年龄段实现协同育人,共同培养合格的社会主义建设者和接班人。然而,目前我国不同学段的思政课存在着内容交叉重复、前后衔接不足、教法单调同一等现实问题,直接影响了思想政治教育的整体实效性。比如,在课程内容设置方面,武汉大学主持的“中国大学生思想政治教育发展报告”项目在全国40所高校调查发现,18.7%的大学生建议高校思想政治理论课要“避免与高中教材内容重复”[2]。这说明课程教学内容的重复,是引发大学生对思想政治理论课“审美疲劳”的主要原因之一。实际上,高校思想政治理论课课程内容设置不仅存在着大学学段与高中学段重复的问题,也存在着本科生、研究生、博士生不同学历阶段重复的问题,本科阶段的四门主干课程之间也存在着一定的内容重复现象。其实,为完成立德树人的根本任务,思政课的部分重点内容势必会贯穿从小学到大学的所有学段,因此,内容的重复是难免的,但关键在于如何重复。如果不同学段的课程内容在理论的深度和广度上,在逻辑推理和抽象思维的难度上是同一水平重复,低年龄段的学生会因畏难而厌学,高年龄段的学生则因欠缺理论的深度、政治的高度和实践的厚度而反感思政课,不同学段的教学效果都会大打折扣,背离课程设置学段贯穿的初衷。因此,按不同学龄学生认知发育规律设置不同学段的思政课内容,推进大中小思政课一体化教学是非常必要的。统筹推进大中小思政课一体化建设也成了提升思政课教学质量的关键。

习近平总书记在“3·18”思想政治理论课教师座谈会上更是明确指出,“在大中小学循序渐进、螺旋上升地开设思想政治理论课非常必要,是培养一代又一代社会主义建设者和接班人的重要保障。”[3]习近平总书记的讲话为我们揭示了大中小思政课一体化建设必须遵循的基本规律,为实现新时代大中小思政课教育一体化高质量发展指明了方向。

从大中小思政课一体化建设“循序渐进、螺旋上升”的总要求看,教育主管部门应根据学生身心发育规律和思想政治教育教学规律,处理好“全程贯穿”与“学段差异”的关系,做好思政课全流程统筹规划,在包括教学目标设计、课程设置、教材编写、教学改革、教师培养、考核评价在内的所有环节都应做好顶层设计。2020年12月,中共中央宣传部、教育部印发了《新时代学校思想政治理论课改革创新实施方案》,明确了新时代实现思政课高质量协同发展的基本要求。根据“方案”的基本精神和具体要求,高校思想政治理论课要实现高质量发展,需要从以下几个方面着力。

一、优化制度设计,为高校思政课高质量发展提供坚实保障

高校思想政治理论课的发展建设是一项系统工程,需要统筹各方力量、各种资源,

也需要形成协同联动的长效机制。高校的马克思主义学院难以独力承担,必须由学校党委集中统一领导,并提供制度保障。

首先,各高校党委要坚决将党中央、国务院、教育部制定的思政课建设发展相关文件精神严格落实到位,用足用好政策。近年来,在习近平总书记亲自谋划、亲身指导、亲切关怀下,在中央教育工作领导小组坚强领导下,教育部党组织统筹指导、精准施策,制定了成套政策举措,创设全新机制平台,为高校思政课高质量改革提供了有力的资源保障[4]。各高校党委要确保相关文件精神在本校落地执行中不变形、不走样。其次,高校党委要履行办学治校的主体责任,主动作为,积极牵头制定校内"三全育人"总方案,设立高校思想政治课建设专项,明确本校思政课高质量发展的目标要求,厘清思政课改革创新的工作要点,督促各职能部门各负其责,为开好思政课提供充足的政策支持。最后,高校党委要加大对马克思主义学院建设和马克思主义理论学科建设的支持力度,为本校思政课高质量发展提供有力支撑。高校党委要按照重点学院的建设标准支持马克思主义学院科学发展,在经费投入、资源使用、队伍建设等方面优先满足马克思主义学院的发展需求。高校党委要按照大中小思政课一体化建设的工作要求,支持本校马克思主义学院搭建资源共建共享的平台,将马克思主义理论学科的研究成果融入教育教学研究之中,组织大中小学思政课教师坐在一起,定期开展集体备课、教学研讨,打破学段隔阂,打通课程衔接的堵点。近年来,部分高校在这方面进行了有益的尝试,取得了积极的成效。比如,华中师范大学马克思主义学院探索出"同课异构、协同共研"的思政课集体备课新模式,成立了全国高校思政课"手拉手"集体备课中心,发挥了全国重点马克思主义学院的辐射带动作用,推动了湖北省大中小学思政课的高质量发展。

二、优化师资结构,为高校思政课高质量发展提供有生力量

思想政治理论课教师是建设好思想政治理论课的主体力量,要建好新时代思政课,必须抓住思政课教师队伍这个关键。各高校要按照教育部《新时代高等学校思想政治理论课教师队伍建设规定》,根据全日制在校生总数,严格按照师生比不低于1:350的比例配齐专职思政课教师[5]。同时,随着思政课教师人员数量的大幅增长,高校要加大对青年教师的培养力度,创新培养举措,抓好教师队伍的质量建设工程。

目前,大量刚毕业的高学历青年教师走向教学一线,他们工作热情高,但教学经验和人生阅历不足,难以驾驭教材体系向教学体系的转变。高校思政课的教材内容本就高度凝练、不够鲜活,如果不能结合理论自身逻辑、社会发展变革和学生成长需求进行

教学转化,干巴巴地照本宣科,学生就会对理论的内涵知之不深,自然更难达成“增强学生的使命担当”的课程教学目标。因此,各高校要格外重视对青年教师的培养,一方面鼓励教学经验丰富、理论功底深厚的老教师发挥“传帮带”的作用,引领“青椒”们尽快适应角色转变、站稳讲台;另一方面,高校要充分用好上级教育主管部门所提供的“周末理论大讲堂”“习近平新时代中国特色社会主义思想的生动实践”专题实践研修、全国高校思政课现场教学展示直播等教师培养的主渠道,辅之以本校马克思主义学院为青年教师量身打造的培训计划,助力青年教师提升自己的理论修养和教学水平。在抓住青年教师这个关键群体的同时,各高校还要注重培养思政课教学骨干名师,打造一支年龄、学历、职称结构更均衡更合理的高水平教师队伍。在高校思政课教师队伍建设中,要始终按照习近平总书记“政治要强、情怀要深、思维要新、视野要广、自律要严、人格要正”的要求培养和选拔人才,让信仰坚定、学识渊博、理论功底深厚、真心热爱教学的教师来主讲思政课,晓之以理,动之以情,引导学生扣好人生的第一颗扣子。

三、优化课程衔接,为高校思政课高质量发展提供内涵支撑

课程建设是高校思政课高质量发展的关键抓手。课程间欠缺有效衔接是影响高校思政课实效性的主要原因之一。目前,我国高校面向不同学历学生开设了 7 门思想政治理论课必修课程。各高校既要做好大学本专科阶段思政课与高中阶段“思想政治”这门课之间的衔接,也要处理好大学阶段 7 门思政课内部之间的关系。要想实现后置课程与先修课程之间的有效衔接,首先要加强教学研究。2022 年 4 月 25 日,习近平总书记在中国人民大学考察调研时现场观摩了思政课教学并发表重要讲话,明确提出“思政课的本质是讲道理”,并要求思政课教师把道理讲深、讲透、讲活[6]。显然,高校思政课教师必须在深入研究相关理论和现实问题的基础上才可能内化教材内容,才可能有理有据地讲好思政课的道理。高校在教学研究过程中,不仅要按照“金课”建设标准统一明确每门课程的重难点问题,厘清其理论逻辑和现实逻辑,而且要组织跨学段、跨课程的联合教学研究。每门思政课教师不能“各守一段渠”,只埋头研究自己的这门课,而是要通过联合教研了解先修课程和后置课程的内容。思政课有些重要的主题会全程贯穿大中小不同学段,教师既要知道它们彼此之间的联系,也要明确彼此之间的差异。在做教学设计时,低学段不要“抢跑”,高学段不要“炒剩饭”,理论深度和难度要“阶梯式”上升,低学段侧重于感性认识,高学段在情感体验的基础上要实现理性的升华。

高校思政课教师可以按照“回溯提升”的理念进行具体的教学设计，避免教学内容简单重复，提升教学的针对性，增强学生的获得感。教师在开课前可以通过学情问卷、入门测验等方式了解学生先修课程的学习情况，再以线上线下混合的教学方式重构教学内容。教师可以先做“减法”，不在课堂教学中重复讲授先修课程中已涉及的基础知识和常识性问题，而是在线上提供相关学习资源，供学生复习回顾。在课堂内，教师通过师生合作学习的方式做“加法”，加上体现社会变迁的新理念、新思想、新成果，叠加鲜活的新案例、新素材，让学生在回溯旧知的基础上有新的思考和感悟，体会到历史和现实之间、理论和实践之间的逻辑关系，引导学生在融通不同学科、不同文化资源的基础上开阔眼界和视野，感受大学思政课的高度和品味。

四、优化教学方法，为高校思政课高质量发展提供技术支持

“培养什么人、怎样培养人、为谁培养人?”这是我国高等教育的核心问题。面对百年未有之大变局和日益复杂的国际形势，高校在人才培养上，特别需要培养有家国情怀、民族认同、文化自信和全球视野的年轻人。思政课作为立德树人的关键课程，更需服务于这样的人才培养目标。因此，《新时代学校思想政治理论课改革创新实施方案》特别强调要按照循序渐进、螺旋上升的原则，立足于思政课的政治属性，对大中小学思政课课程目标进行一体化设计。小学阶段重在培养学生的道德情感，初中阶段重在打牢学生的思想基础，高中阶段重在提升学生的政治素养，大学阶段重在增强学生的使命担当[7]。

高校思政课要达成以上教学目标，必须在教学方法改革上做文章。因为传统的理论灌输只是“授人以鱼”，没有思想的碰撞，没有情感的交互，学生在被动参与中接受教师单向输入的既有结论，没有自己思辨和体悟的过程，既不可能内化于心，更不可能外化于行，何谈增强使命担当？而且，如今高等教育的对象已是“00”后，他们思维活跃、意识自主、表达欲望强烈，他们不那么迷信权威，更富有批判和质疑精神，更相信自我的感性经验，更易受朋辈的影响，大而空地讲道理最难触动他们。思想上不认同，心境上未共情，增强使命担当自是空中楼阁。因此，高校思政课要注重启发性教育，多研究互动式、探究式、体验式等多种教学方法，培养学生分析、比较、评价、应用等高级思维能力，引导学生自己发现问题、思考问题，在思辨中明白问题发展的历史逻辑、实践逻辑和现实逻辑，体悟科学理论的魅力，增强中国特色社会主义道路自信、理论自信、制度自信、文化自信。

此外，高校思政课教师还需践行实践教育法。正如习近平总书记所言，马克思主

义是在实践中形成并不断发展的,要高度重视思政课的实践性,把思政小课堂同社会大课堂结合起来,在理论和实践的结合中,教育引导学生把人生抱负落实到脚踏实地的实际行动中来,把学习奋斗的具体目标同民族复兴的伟大目标结合起来,立鸿鹄志,做奋斗者[8]。高校思政课在教学改革中,要通过设置校内外丰富多彩的主题实践活动,延伸课堂教学空间,为学生提供增值学习体验。当学生将国家社会发展的成就纳入视野,自会增强做中国人的骨气、志气、底气;当学生直面国计民生的痛点难点,自会意识到追梦圆梦的使命担当;当学生学会理性地回顾历史和客观地比较中外,自会激发建设中国特色社会主义的澎湃热情。实践教育这种润物细无声的隐性教育效果正是新时代思政课高质量发展的应有之义。

(罗晶晶,武汉传媒学院思想政治理论课部讲师)

参考文献

[1][8]习近平.思想课是落实立德树人根本任务的关键课程[J].求是,2020(17).

[2]沈壮海,董祥宾.论新时代思想政治理论课的改革创新[J].思想政治教育,2019(5)

[3]一门什么课,让总书记“必须更多强调”?[EB/OL].求是网,http://www.qstheory.cn/zhuanqu/2021-06/19/c_1127577823.htm.

[4]在改进中加强 在创新中提高——全国高校思想政治工作会议召开五年来高校思政课建设进展成效介绍[EB/OL].教育部政府门户网站,http://www.moe.gov.cn/fbh/live/2021/53878/sfcl/202112/t20211207_585339.html.

[5]新时代高等学校思想政治理论课教师队伍建设规定[EB/OL].教育部政府门户网站,http://www.moe.gov.cn/srcsite/A02/s5911/moe_621/202002/t20200207_418877.html.

[6]习近平考察中国人民大学,重点强调了什么?[EB/OL].人民网,2022-04-26,http://politics.people.com.cn/n1/2022/0426/c1001-32409426.html.

[7]新时代学校思想政治理论课改革创新实施方案[EB/OL].文汇客户端,https://wenhui.whb.cn/third/baidu/202101/04/386765.html.

以新媒体驱动思想政治课程教育现代化的现实路径研究

◈ 梅文秀

摘要：思想政治教育的现代化是社会经济发展和主流思想变迁的必然趋势，中学思想政治教育工作者需要完成对思政教育内容、模式、思路和方式的调整，才能更好地实现思想政治教育的目标。新媒体技术不断发展和普及为中学思政课程教育模式的更新和与现代接轨创造了条件，同时我们也要探索更有利于提高教学质量、促进教育公平的现实路径。本文从教育现代化的发展方向入手，对达成中学思想政治教育的现代化目标的现实基础进行分析和总结，并从新媒体驱动教育现代化的角度，提出了更新教育工作模式、调整教育工作内容、优化教育工作机制、创新教育方法等现实路径。

关键词：新媒体；思想政治教育；中学；教育现代化；路径

在不断推进现代化建设进程的时代背景下，中共中央和国务院结合我国教育发展的实际情况，作出了实现教育现代化的战略性目标。本文从实现教育现代化目标的现实基础出发，对如何运用新媒体技术驱动中学思想政治课程教育的现代化作出思考并提出了具体的现实路径。

一、教育现代化 2035 新目标的现实基础

2019 年 2 月，中共中央、国务院联合印发纲领性文件《中国教育现代化 2035》战略规划（以下简称《教育 2035》规划），对我国教育现代化的实现路径和顶层设计做出了明确的规划，深入贯彻落实了党的十九大重要思想和全国教育大会的核心精神。《教育 2035》规划以我国的现代化建设统筹安排为出发点，制定了教育现代化分两步走的战略目标，明确提出到 2020 年，迈出完成“十三五”建设目标的第一步，实现我国教育工作硬实力的提高和教育国际影响力的提升；并提出在完成第一步的基础上，到 2035 年，基本

实现我国的教育现代化建设目标,将我国打造成教育强国。该战略目标的实现,需要以我们不断地对教育现代化建设的探索与实践进行反思为现实基础,具体如下。

首先,我国教育工作硬实力的不断提高和教育思想不断向国际先进理论靠拢的趋势是保证顺利开展教育现代化建设的前提条件。在过去的数十年中,我国在教育总体发展水平上的进步有目共睹,我国的教育在教育资源匮乏、资源分配不均的困顿境遇中不断发展、完善,不断汲取西方先进教育思想的精华,现已实现了由世界发展中下水平到中上水平的跨越。其中,尤以义务教育的普及率的提高最为典型,以初中的毛入学率为例,经过70多年的发展,我国实现了从不及5%到接近100%的飞跃式发展,普及程度超过世界发达国家平均水平;随着互联网的普及和数字教育资源的运用和发展,截至2018年,我国中小学的互联网接入率已经高达98%,这为教育现代化的发展目标奠定了坚实的基础。

其次,我国格外注重教育现代化建设中的价值取向。我国以倡导教育公平和提高教育质量为基本思路,这为实现教育现代化目标提供了方向上的保证。近年来,我国不断加大对教育质量建设和教育资源合理分配的财政性教育经费投入,重点关注乡村和偏远地区师资队伍建设,先后布署了一系列特殊教育岗位计划,实施了针对师范生的教育优惠政策,在促进教育公平、提升教学质量等方面均取得到较好成效。截至2019年初,我国已有99.8%的义务教学机构达到办学标准,且建立起了较为完善的、贯穿学前教育、中小学教育以及研究生教育各教学阶段的资助体系。到2018年年底,我国多个学科的教育竞争力显著提高。

再次,我国教育管理制度和体系的不断丰富和完善,以及社会服务能力的提升,是我国教育现代化建设的重要保障。教育体制改革和教育管理制度的创新为学校办学营造了更好的制度环境,我国清理了因中央及地方政府之间的职责模糊而给院校办学带来的阻碍。社会服务能力的提升标志着我国教育现代化水平的发展程度。近年来,我国专业人才队伍的不断扩充为经济建设和创新创业发展提供了源源不断的驱动力,教育的发展为我国实现现代化建设战略目标做出了巨大的贡献,同时它也是实现下一步教育现代化目标的现实基础。

二、教育现代化2035背景下以新媒体驱动思想政治教育现代化的现实路径

1.更新中学生思想政治教育工作模式

一方面,充分发挥教育成果共享平台的作用,实现教学模式的创新。目前我国各

地中学思想政治教育的师资水平和学生素质均存在一定差异，导致教育的水平不均。新媒体作为一种新兴的技术手段，可用于现代化教育模式的建设和创新，为中学生思想政治的教育模式转化提供技术支撑。在新媒体共享平台的协助下，学校可以鼓励各中学教师将教学成果上传到平台上，以便于其与全国各地院校进行教学信息交流和教学经验沟通，从而使中学生思想政治教育质量得以提升。

另一方面，打破中学思想政治教育的传统工作模式，构建开放式发展新模式，鼓励教育工作者和学生的主动参与。思想政治教育的本质和核心就是将学生培养成三观健全、德智体美劳全面发展的人才，因此从根本上需要以开放性思维构建教育工作模式。我们要注重学习和参考国际先进教学理念，树立多元化、全方位的新型教育理念，中学的思想政治教育要考虑社会发展需要和人才培养目标，并且我们需要从国际战略高度出发，思考如何构建具有中国特色的教育机制。

2. 调整中学生思想政治教育工作内容

首先，根据时代发展趋势和学生的实际需要，以时事热点替换教育素材中过时的内容。教育素材的更新是中学生思想政治教育现代化建设的重要环节。思想政治教育的素材由思想、道德、政治和法律纪律四个要素组成，然而，随着经济社会的发展和社会主流文化观念的变迁，人们的意识形态和思想观念难免也会发生改变，这就要求中学思想政治教育工作者时刻关注社会热点和主流思想的演变，根据外部环境因素的改变，与时俱进，开拓创新，在传承经典的基础上对时事热点中的教育性信息进行加工和处理，避免因落后、刻板的教学内容导致学生无法产生共鸣的情况。

其次，重视新媒体和大数据等技术手段的运用，充分发挥技术载体对教学内容的积极作用。在中学的思想政治教育现代化建设中，如何将先进技术运用到信息采集、数据分析以及教学成果的交流共享上已成为亟待思考的主要问题。中学思想政治教育建设与新媒体、大数据等技术的结合，对于传统的中学思政教育理念和模式而言无疑是巨大的冲击，因此需要专业的技术研究队伍对初中思政教育工作者和中学生进行培训，使他们树立大数据意识，从而使先进的技术真正服务到中学思政教育的创新工作中。

最后，善于借鉴和参考其他学科和社会实践活动的教育成果。思想政治课是一门多元、综合的学科，与教育学、心理学、哲学、社会学乃至文学都有着密切的联系。对相关学科先进教育成果的借鉴无疑会为中学思想政治教育工作注入新鲜的血液，且能够对中学思想政治教育的内容作出有益补充，促进学生的全面发展。

3. 优化中学生思想政治教育工作机制

一方面，建设科学、合理、可行性高的评价机制，提高评估结果的科学性、现实性和参考价值。为深入了解和及时反馈中学思政教育中的教学实际情况和现实问题,在构建中学思政教育评级机制时,应综合考虑各方面对思政教育中新媒体技术运用情况的反馈,结合对师资队伍教学水平和教学质量的评价,建立起新媒体驱动下中学思政教育绩效考核体系,集中反映职责履行情况,发挥多部门联动审核的优势,加强与社会机构和相关部门的合作,及时颁布并更新考核管理纲领文件。

另一方面,建立起以大数据技术为依托的中学思政教育整合机制。学校以中学思政教育的核心环节为出发点,围绕中学思政教育对象的特征和情况,由大数据后台对采集得来的信息进行存储和梳理,构建一个集课堂教学、学生生活情况、学生思想动态为一体的追踪式教育发展平台,打破既往对中学生思政教育中仅关注学生成绩和课堂表现的落后局面,扩充并丰富学生的信息数据,用以指导思政教育的方向和重点,便于中学思政教师及时调整教学方向,提高教学的效果,同时,也方便教育者对中学生常见的思想问题和容易陷入的困境进行深入的了解和分析。

4. 创新中学生思想政治教育方法

一方面,树立思想政治教育"个性化"发展的新型教育理念。思想政治教育工作不能以统一的标准流程进行,尤其是考虑到中学生在社会阅历上尚处于空白阶段,思想观念尚不成熟,成长环境也千差万别,因此统一的流程化教育难以收获理想的教育效果。中学思想政治教师应尊重并重视学生的个体差异和个性化需求,了解不同学生对思想文化教育的基本诉求和接受程度,采用"个性化"发展的教育理念指导中学思想政治教育工作。

另一方面,打造以弘扬正能量、传播主流文化观念为主体的网络交流平台,发挥隐性教育潜移默化的作用。传统的思想政治教育离不开无趣的说教和死板的知识传授,这并不能激发学生的学习兴趣,也难以唤起学生的思想认同,因此难免出现教育效果不理想、课程内容冗赘的情况,而网络交流平台以内容丰富、趣味性高、传播迅速等特征,能够作为一种补充教学手段,潜移默化地引导学生提高自身的思想认识水平。

(梅文秀,武汉传媒学院思想政治理论课部助教)

参考文献

[1]蔡震宇,薛勇. 国家治理视域下高校思想政治教育理念创新研究[J]. 黑龙江高教研究,2020,38(6):118-121.

[2]阿剑波,王君. 新时代价值观念冲突与思想政治教育现代化发展研究[J]. 长春大学学报,2020,30(5):80-84.

[3]张建晓.认同与变革:思想政治教育现代化发展的分析框架[J].湖北社会科学,2019(1):171-175.

[4]蒋楚楚.我国思想政治教育现代化转型初探[J].继续教育研究,2017(11):92-93.

[5]杨维杰,毛文.新媒体背景下思想政治教育的现代化[J].新闻战线,2015(5):167-168.

思想政治工作研究

论新时代高校教师师德师风建设的重要意义、核心内容与长效机制

◈ 刘　燕

摘要:师德师风建设在高校教师队伍培德铸魂的系统工程中处于首要位置,是高校教师完成立德树人根本任务的必然要求,它顺应高校教师提高自身综合素质的现实需要,为"双一流"高校建设提供内生动力。高校教师师德师风建设包括以人为本、关爱学生,教书育人、严谨治学,为人师表、树立榜样以及廉洁从教、淡泊名利四个方面的主要内容。系统构建高校教师师德师风建设长效机制应当以马克思主义内外因辩证关系原理为指导,从内在素质培育机制、外在环境塑造机制和主流价值引领机制三个方面综合施策。

关键词:新时代;高校教师;师德师风

习近平总书记强调,"要把师德师风建设摆在首要位置,引导广大教师继承发扬老一辈教育工作者'捧着一颗心来,不带半根草去'的精神,以赤诚之心、奉献之心、仁爱之心投身教育事业"[1]。习近平总书记关于师德师风建设的一系列重要论述,系统阐明了高校教师师德师风建设的关键地位、重要价值、科学内涵和实践路径等内容,为高校新时代如何加强和改进师德师风建设提供了指导思想和基本遵循。《关于完善高校教师思想政治和师德师风建设工作体制机制的指导意见》《教育部关于高校教师师德失范行为处理的指导意见》等政策文件,对高校教师师德师风建设的意义、原则、目标和举措等内容作出系统规定,为高校师德师风建设划定正反面行为清单,以制度手段有效激励高校教师不断提升自身思想道德素质,推动高校教师师德师风总体向好。然而,受到不良社会风气和错误思想倾向的侵蚀,高校教师发表不当言论、对学生实施性骚扰、学术不端等问题仍时有发生。近年来,华东政法大学教师包某某发表多配偶制不当言论、华中科技大学外国语学院教师张某某涉嫌骚扰女学生、南开大学陈某某与女性保持不正当关系等反面案例的出现,从反面凸显高校师德师风建设仍存在

亟待解决的现实问题。本文以习近平总书记关于师德师风建设的重要论述为指导思想,以高校教师师德师风建设的制度规定为政策依据,从学理层面深入阐明高校师德师风建设的现实意义、核心内容和优化路径,以期为进一步深化高校教师师德师风建设提供有针对性的理论思考和政策建议。

一、新时代高校教师师德师风建设的重要意义

1. 高校教师完成立德树人根本任务的必然要求

习近平总书记强调,"合格的老师首先应该是道德上的合格者,好老师首先应该是以德施教、以德立身的楷模"[2]。高校教师不仅要以精深的学术造诣、渊博的知识积累履行好传道授业解惑的教师职责,而且要承担立德树人的根本任务,需要在言传身教的过程中以自身干净纯粹的师德师风引导大学生崇德向善。与之相反,"一个老师如果在是非、曲直、善恶、义利、得失等方面老出问题,怎么能担起立德树人的责任?"大学生是社会主义现代化建设高素质的接班人和后备军,培养什么样的大学生在一定程度上直接影响国家的前途和走向。从个人成长阶段来看,大学生的世界观、人生观、价值观尚未完全成熟定型,还具有一定程度的可塑性。在全球化、信息化和市场化等多种社会发展潮流的叠加影响下,拜金主义、享乐主义、消费主义等各种错误思想相互渗透、相互强化,对我国大学生思想道德建设提出严峻的挑战。高校教师是大学生思想道德建设体系中重要的引导和示范力量,在日常授课和与学生的互动交流中,自身秉持的价值观念、理想信念、道德素养,潜移默化地影响着学生,对学生的人生观、价值观和世界观的塑造要产生正面引导作用。此外,高校教师还将传授知识和道德教化相结合,实现加强自我修养和以德育人贯通,做到以德立身和以德化人兼顾,把思想政治工作和道德教育贯穿教育教学全过程、贯穿大学生生活学习各方面,实现全过程育人、全方位育人,推动大学生形成科学的知识结构和正确的思想道德观念。

2. 高校教师提高自身综合素质的现实需要

习近平总书记指出,"评价教师队伍素质的第一标准应该是师德师风"[3]。这就将师德师风置于高校教师综合素质评价指标体系中的首要位置,为高校教师改善自身的师德师风提供了参照系和风向标,对于高校教师不断提升自身的职业道德素养提供一种强大的激励力量。不仅如此,近年来各高校纷纷将师德师风建设贯穿高校教师监督教育管理全过程,将师德师风作为高校教师岗位聘用、聘期考核、职称职务

晋升、评奖评优、项目申报等各项工作的第一要求,严格师德师风监督管理和考核评价,强化思想道德素质考察,甚至对出现师德师风问题的老师"一票否决",运用制度的威慑力和激励作用引导高校教师自觉主动地提升自身的思想道德素质,推动师德师风建设常态化、长效化。从全世界范围来看,基于教师职业的特殊性和育人功能,很多发达国家也将职业道德素养作为高校教师综合素质评价的一个核心标准,美国制订的《优秀教师行为守则》、英国政府颁布的《教师标准》等教师行为准则都对高校教师的道德素质和职业伦理提出了明确的规范性要求。在习近平总书记关于高校师德师风建设的重要论述的价值引导和师德师风建设制度规范的刚性约束之下,高校教师应当把师德师风表现作为自我综合素质评价的核心指标,无论是基于职业生涯发展等自利考虑,还是基于为党育人、为国育才等利他考虑,都必须改善自身的师德师风表现,把自身锻造成为德才兼备、风清气正的人民教师。

3. 为"双一流"高校建设提供内生动力

教育部、财政部、国家发改委印发的《关于高等学校加快"双一流"建设的指导意见》将师德师风建设作为"双一流"高校建设系统工程的基础性环节,提出"建成师德师风高地"的目标要求。"建设高素质的教师队伍是高校'双一流'建设的基石,而师德师风建设是高素质教师队伍形成的核心要素"[4]。"所谓大学之大,非有大楼之谓也,乃有大师之谓也"。培育大师是"双一流"高校的必由之路,而成为大师的条件非唯有渊博的学识、深厚的学术造诣,更要以自身崇高的师德师风感染人、教化人。高校教师师德师风直接关系新时代高校办学水平,是建设"双一流"高校的基础性工作。在新时代背景下,社会发展日新月异,优胜劣汰规则更加凸显,"双一流"高校之间的竞争在更深层次上表现为软实力的竞争。如果师德师风表现欠佳,高校教师在从事教学、科研、社会公共服务和决策咨询的过程中就很容易因为缺乏正确的价值指引和行动指南,而增加学术剽窃、发表不当言论、社会关系失范的风险,从而导致高校因为校园风气不正、社会评价负面而失去实现高质量发展的软实力支撑,甚至可能会因为社会公信力流失而失去建设"双一流"高校的机会。建设"双一流"高校,必须将加强高校教师师德师风建设作为第一要务。良好的师德师风能促进高校教师保持严谨的科研精神,认真对待自己的课堂,时刻关心自己的学生,发挥表率作用,久而久之会在高校形成一种积极向上的学术和生活氛围,形成良好的教风、学风、校风,从而整体上提高高校的办学水平,在"双一流"高校建设的时代竞争大潮中脱颖而出、行稳致远。

二、高校教师师德师风建设的主要内容

恩格斯强调,“每一个阶层,甚至每一个行业领域,都有各自的道德”[5]134。高校教师的职业道德素养,是高校教师在履行教书育人、立德树人的教师职责的过程中应当遵循的行业行为规则和职责道德规范的统称。一方面,从制度层面来看,按照《中华人民共和国教师法》的相关规定,高校教师的师德师风包括为学生服务、爱岗敬业、严谨治学、教书育人、为人师表、廉洁从教等主要内容。另一方面,从理论分析层面来看,高校教师的师德师风主要包括“敢于创新,不断提高自己的教学水平;积极钻研,不断提高自己的学术水平;以人为本,始终怀抱着孕育人才的使命感;为人师表,维持教师的社会形象”[6]。综合来讲,笔者认为高校教师的师德师风主要包括以下四个方面。

1. 以人为本,关爱学生

高校教师要“以人为本”,核心是以服务学生为本,即要把学生的利益当作教育的出发点和落脚点,以促进学生的全面发展为目标,从而不断满足学生的教育和成长的需要。以学生为本、关爱学生,主要包括以下几个方面:一是了解学生的实际情况、不同特点和内在需要。高校教师应该充分了解每个学生的特长、不足、家庭环境和成长经历等情况,为每个学生提供有针对性的教育服务。二是服务关爱全体学生,做到因材施教。高校教师应秉持有教无类的教育理念,既要关注“优等生”,也要一视同仁地关注“后进生”,根据各类学生的状况制定差异化的施教方案,推动每个学生都能在教学教育中顺利成长。三是尊重学生的人格。对于高校大学生而言,尤其是对于“00后”大学生而言,他们的思想比较独立,个性较突出,自尊心强,心理承受能力较弱。针对这种情况,高校教师应尊重每个学生的自尊心和独立人格,在相互尊重、平等对话和深入交流中,走进学生心里,与学生拉近关系,从而提高学生对教师所传授教育内容的接受度和认可度,改善对学生的教育内容和教育效果。

2. 教书育人,严谨治学

“师者,所以传道授业解惑也”。作为高校教师,第一任务就是给学生传授知识、解答困惑,促进学生成才。为适应当前科技发展迅速的时代,高校教师既要培养自身精湛的业务能力,不断更新自身的专业知识,敢于创新,弘扬正确的科研精神,提高科研能力和科研产出水平,深入钻研教育学、心理学等专业知识,掌握当代教育规律,与社会接轨,掌握与学生的沟通技巧,改善对学生的教育方式,运用启发式教学、体验式

教学等互动性较强的教育方法，提高对学生的教育效果，同时，高校教师还应该严格践行职业道德规范，认真遵守学术规范，反对抄袭剽窃等学术不端行为。

3. 为人师表，树立榜样

为人师表、身正垂范，是高校教师师德师风建设的一项重要内容，蕴含着高校和社会对教师职业素养的内在要求和社会期待，它要求高校教师将职业素养内化为道德素质、外化为行为规范。一方面，从内在素质层面来看，高校教师要以深厚的思想道德素养推动自身实现从“经师”向“人师”的转变，教师要富有爱心、责任心，真正做到育人爱人，自觉完成教学任务，对学生负责。另一方面，从外在行为层面来看，“师者，范也，言行动静，皆为可式”。高校教师的言谈举止都会对大学生产生潜移默化的影响。在语言谈吐方面，教师在传授知识、教导学生的过程中要使用文明用语，保持语言的礼貌性、规范性和纯洁性。在行为举止方面，高校教师穿着应大方得体、整洁朴素，仪表要落落大方，举止要稳重得体。

4. 廉洁从教，清廉自守

公立高校从事管理工作的教师是国家监察体制改革新创制的监察委员会的法定监察对象，在清廉中国建设的时代背景下，廉洁从教、清廉自守是高校教师师德师风建设的底线要求，它不仅关系到高校能否形成风清气正的校园文化，而且是整个社会廉洁文化建设的重要一环。所谓廉洁从教、清廉自守，是指高校教师将清正廉洁的规范性要求贯穿教育教学管理全过程，努力做到廉洁执教、廉洁治学、廉洁服务和廉洁管理[7]。在实践中，有一些高校对教师明确提出廉洁从教的规范性要求以及对牟取个人私利的惩戒性措施。例如，《广西高校教师职业道德负面清单和失范行为处理指导意见》对高校教师违反廉洁从教、清廉自守的职业道德规范的行为列举了负面清单以及惩戒措施，以常态化的责任追究机制倒逼高校教师廉洁从教。高校教师应加强道德自律和制度他律，在从事教学科研等各项工作的过程中处理好老师和学生的关系，处理好教育教学的公共性与个人利益得失之间的关系，在教育教学和行政管理中公平公正对待学生，无私奉献，淡泊名利，敢于同腐败行为作斗争。

三、新时代高校教师师德师风建设的长效机制

《关于加强和改进新时代师德师风建设的意见》提出加强师德师风建设的总体目标是，“经过5年左右努力，基本建立起完备的师德师风建设制度体系和有效的师德师风建设长效机制”[8]。按照马克思主义内外因辩证关系原理，构建有效的高校师德

师风建设长效机制，应当深入剖析高校教师师德师风败坏的内外部诱因，坚持高校教师的内在素质培育和外部环境塑造双管齐下，发挥主流价值的引导作用，多措并举推动高校教师师德师风长效机制的建设。

1. 高校教师师德师风的内在素质培育机制

习近平总书记指出，“师德需要教育培养，更需要老师自我修养”[9]。高校教师是师德师风建设的“第一责任人”，要从中华民族优秀传统文化中汲取锤炼自身师德师风的文化资源和历史滋养，继承和发扬“吾日三省吾身”的自省文化和慎独慎初慎微慎欲的慎独文化，在反躬自省中发现自身思想道德和价值观念上的错误认识和薄弱环节，筑牢防止各种不良社会文化侵蚀的思想道德防线。与此同时，高校也应当在教师师德师风建设上发挥引导和规范作用，建立对高校教师的常态化教育培训制度，针对处于不同职业发展阶段的高校教师分类施策，将师德师风建设作为对新入职高校教师开展入职培训的必修课，作为处于职业上升期的中青年教师职务职称晋升、评奖评优的必经程序，将师德师风状况与高校教师的教师资格认定、选拔任用等情况直接挂钩，督促高校教师在自觉参加师德师风教育培训的过程中不断提升自身的思想道德素养。高校要提高师德师风培训教育在课程设置和绩效评价中的权重，运用多种方式、多元渠道引导高校教师将锤炼自身师德师风的行为从自发向自觉、从自在向自为转变。

2. 高校教师师德师风的外部环境塑造机制

马克思指出“人是一切社会关系的总和”[10]135。社会关系具有复杂性、开放性等特征，高校教师虽处于“金字塔”之中，但具有在家庭、社会团体等多种社会组织中的多重身份，受到社会大环境的影响而可能难以独善其身，很容易受到社会上存在的拜金主义、享乐主义、个人主义等不良社会思潮的侵蚀。鉴于此，加强高校教师师德师风建设，应当发挥国家、社会和高校等多元主体的协同治理功能，以社会主义核心价值观引领社会文化建设，合力培育积极健康、风清气正的校园文化，以社会大环境的改善培育有利于高校师德师风建设的校园“小气候”。在国家层面，各级党委和政府应当推动尊师重道、孝老爱亲、清廉自守等中华优秀传统文化的创造性转化和创新性发展，继承和弘扬陶行知等人民教育家的优秀教育文化，为高校教师锤炼师德师风提供丰厚的文化滋养。在社会层面，各类社会群体应当建立健全自身的职业行为规范和职业伦理，运用传统媒体和新媒体技术宣传优秀道德模范的感人事迹，曝光道德败坏的反面典型，形成惩恶扬善的良好社会氛围，不断压缩拜金主义、享乐主义、个人主义等不良社会文化的生存空间，消除其对高校教师的侵蚀。在高校层面，高校应当在教师师德师风建设上坚持严管与厚爱结合，建立健全高校教师师德师风的考评、奖惩机制。在负面行为惩戒上，建立健全高校教师师德师风失范行为的负面清单制度和通报曝光制度，对师德师风严重败坏的高校教师实行一票否决，取消其在职称评聘、表彰奖励、推优评先等方面的资格。在正面价值引导上，要对师德高尚、师风清朗的高校教师采取树立正面典型、授予荣誉称号、进行物质奖励等各种方式的表彰，引导高校形成以师德师风高尚为荣、以师德师风败坏为耻的校园文化。

3. 高校教师师德师风的主流价值引领机制

“师德是教师之魂，社会主义核心价值观是师德建设的根本指引”[11]。《关于加强和改进新时代师德师风建设的意见》要求“将社会主义核心价值观贯穿师德师风建设全过程”[12]。社会主义核心价值观是社会主义道德的集中体现，对高校教师师德师风建设发挥价值引领、行为塑造等重要作用。一方面，高校要积极开展积极健康、富有人文关怀和道德熏陶的校园文化活动，将社会主义核心价值观贯穿高校教师教育教学和日常生活之中，使其成为全体师生的共同价值追求，形成推动高校教师加强师德师风建设的良好校园文化氛围。另一方面，高校教师应将社会主义核心价值观作为自身的内在道德规范，在社会主义核心价值观的主流价值引导下正品行、养心性，自觉规范教书育人、科学研究、师生交往等外在行为，以良好的师德师风壮大整个社会崇德向善的正能量。

（刘燕，武汉传媒学院思想政治理论课部助教）

基金项目：本文系国家社科基金青年项目“基层问责异化现象的生成机理与治理路径研究”（21CZZ050）的成果。

参考文献

[1]习近平看望参加政协会议的医药卫生界教育界委员[EB/OL].(2021-03-06)[2021-08-07].中国共产党新闻网，http://cpc.people.com.cn/n1/2021/0306/c64094-32044476.html.

[2][9]习近平.做党和人民满意的好老师——同北京师范大学师生代表座谈时的讲话[N].人民日报，2014-09-10(2).

[3]习近平.在北京大学师生座谈会上的讲话[N].人民日报，2018-05-03(2).

[4]刘丽军，刘洋，段兴桥.“双一流”背景下高校师德师风建设探究[J].河北青年管理干部学院学报，2019(4):50-53.

[5]马克思恩格斯选集：第3卷[M].北京：人民出版社，1995.

[6]艾格平.关于加强高校青年教师道德素养的思考[J].西安邮电学院学报，2010，15(6):158-160.

[7]颜廷宏.高校教师廉洁从教长效机制的构建[J].廉政文化研究,2018(5):59-64.

[8][12]教育部等七部门印发《关于加强和改进新时代师德师风建设的意见》的通知[J].中华人民共和国教育部公报,2019(12):22-26.

[10]马克思恩格斯选集:第1卷[M].北京:人民出版社,2012.

[11]庞丽娟.用社会主义核心价值观引领师德建设[N].光明日报,2015-09-11(2).

以大学生社区为场域开展劳动教育实践初探

◈ 朱傲雪

摘要：习近平总书记在全国教育大会上强调，要培养德智体美劳全面发展的社会主义建设者和接班人。在几十年的教育发展中，德智体美在课程中均有体现，劳动教育相较其他四种教育处于劣势地位。大学生社区在当前高校人才培养体系中有着独特地位。以大学生社区为场域开展劳动教育实践是落实“五育并举”教育方针的有效机制，也是特色创新之路，具有较强的理论意义和实践价值。

关键词：大学生社区；劳动教育；五育并举；实践初探

劳动教育能够使学生树立正确的劳动观念和劳动态度，热爱劳动和劳动人民。但是在几十年的教育发展中，劳动教育的育人价值被忽视、教学模式受限制、实践环节遭弱化，劳动教育成了全面发展教育中的短板和痛点。在劳动教育中，实践性是其重要特征，大学是实践场景最为密集的学段，与职业生涯直接接壤。大学生社区在当前高校人才培养体系中有着独特地位，是学校发挥主导作用、学生发挥主体作用、管理机构发挥保障作用、多方共同参与，让学生自我管理、自我服务、自我发展的聚集地。以大学生社区为场域开展劳动教育实践，既能创新教学模式、优化教学结构、提高大学生碎片化时间管理能力，也能提升劳动教育的育人价值。目前新冠肺炎疫情形势依然严峻，多地高校实施“封闭或半封闭”管理使大规模校外实践计划受阻。合理利用大学生社区丰富完善劳动教育实践，可有力推动高校劳动教育持续高质量发展。

一、目前我国高校开展劳动教育存在的问题

党的十八大以来中国的发展进入新时期，以前的“唯分数论”已然行不通，面对当前应试教育盛行、素质教育弱化的现状，教育改革势在必行。为培育全面发展的新时代人才，实现将中国由人力资源大国变为高端人才资源强国的宏伟目标，党和国家重

提“五育并举”的方针无疑具有长远眼光和时代意义。目前我国高校在劳动教育的开展过程中存在着以下几个主要问题。

1. 教学方式枯燥,课程体系欠缺

劳动本身具有实践性、行动性的特点,应该采用实践类、探究类、合作类的教学方式。目前高校在教学方式上,一是以思政类课程,如马克思主义的经典理论,塑造大学生劳动价值观念,加深对劳动教育的认识;二是以创新创业、科学研究类的课程,培养学生创新思维,实现创新性劳动教育。而真正关于劳动教育课程的体系几乎不存在,既没有专门的劳动教育课,也没有专门的劳动教育实践课。像志愿服务、环境保护类的活动都不属于主干课程,而是以一种强制性或是偶然性的活动方式来开展的,其目的不明确,也没有规范合理的实施程序。劳动教育是浮于表面、局限于形式的,大家只看到了劳动,却没有看到教育。

2. 师资队伍专业化水平低,教学计划落实难度大

对部分高校进行摸底调研发现,一是高校没有引进劳动教育师资渠道,如劳动教育思想、劳动教育实践的任课老师几乎都是从学校现有师资中挑选,一般是由负责马克思主义理论课程的老师来讲授,其专业化水平不高;二是没有充分拓展校外师资来源,高校并没有将社会劳模代表、企业能工巧匠的实际经验加入劳动教育培养中;三是没有充分重视教师劳动素养提升,老师们对劳动教育的价值导向不够明确,作为授人以渔的老师尚不能充分理解劳动教育的意义,在教学过程中就更难清晰传达思想,这导致教学目标、教学计划难以实现。

3. 教学环境单一,社会公共资源利用率低

教学环境其实对劳动教育的贯彻落实有着很好的推动作用,良好的、多元化的教学环境会提高师生参与的积极性。但据统计和调查,目前高校开展劳动教育仅仅只是在校内课堂上传授理论知识,或是在校园内开展一些体力劳动活动,并没有合理利用校外资源、社会公共资源,这导致学校内部环境和学校外部环境无法有机整合。教学环境的长期单一、社会公共资源利用率低都对劳动教育的落实带来了不利的影响。

4. 缺乏激励机制和评价体系,劳动教育成效难保障

在我国较长一段时期内都存在着教育功利主义的错误导向,“五育”并举中的劳动教育被贴上了“无用”的标签以至于被轻视甚至忽略。虽然现在大力推行“五育”并举,但是劳动教育的制度体系也尚未完善,制度构架粗糙。地方各级政府或是学校都

按照中央要求,以"完成任务式"地、机械地执行,但是究竟效果如何却难以测量,也没有具体的指标作为改善或革新后续工作的依据。

二、构建"3 +2 +1"大学生劳动实践体系,助力落实劳动教育实践工作

大学生社区是教育三维坐标的一个组成部分,根据大学生社区具有的资源统筹、自由开放的特点,更好地开展劳动教育,以使所有的资源都可以最大限度地发挥作用。"3 +2 +1"大学生劳动实践体系中,"3"指设立劳动教育研究院、大学生社区服务中心、校内劳动教育实践基地等三个开展劳动教育的组织机构,其可以提高学生劳动技能和实践水平,三个部门互通联动、合力协作,助力劳动教育实践工作落实;"2"指设立校内校外双导师制,打造高水平劳动教育实践师资团队;"1"指争取让每一个学生都能掌握一门劳动技能。各高校可以根据学校的实际情况对上述体系做适当调整,探索具有自身特色的劳动实践育人模式。

1. 增设劳动教育研究院

在学校教务处下增设劳动教育研究院,主要职责是在马克思主义劳动观、劳动幸福观与劳动幸福指数、大学生劳动教育项目策划和教育案例、大学生劳动教育与思想政治教育融合载体与机制等方面开展研究。挑选或引进校内校外有相关专业背景或有相关研究背景的老师组成学术研究团队。以高站位、高标准、高质量、实干事、干实事为工作方针,进一步做好"劳动教育"大文章,回答好"劳动教育"大考卷,聚焦政治性、学术性,聚力专业性、实践性,紧跟党中央的重大决策布署,紧贴高等教育改革发展的内在需求,紧扣高质量发展的时代要求,积极探索大学生劳动教育的实施路径,为开展劳动教育实践工作提供理论指导。

2. 成立大学生社区服务中心

成立大学生社区服务中心,对大学生社区进行网格化管理。首先要将其划分为一个个网格区域,在划分时可遵循方便管理、人数均衡等原则,按照专业、班级和寝室划分成多个网格,并设立网格管理员,网络管理员是网格的管理和领导的核心部分,再以楼栋为单位设立楼栋长。楼栋区域是网格所划分的工作"责任田",在这个"责任田"中,楼栋长是主要负责人。在网格管理中,线上线下要同步进行,定期召开楼栋长会议,对劳动教育实践的展开情况做到定期总结汇报。将与劳动教育实践有关的内容扩展到各个楼栋,实现各楼栋间共同联动,共同进步。

3. 建立校内劳动教育实践基地

在大学生社区内建立校内劳动教育实践基地,为大学生创造日常的劳动机会、提供便利的劳动教育场所,把劳动教育做深做实。一是以网格为单位,分别认领网格个性化种植责任区,栽种花草;二是由劳动实践教育学院选派经验丰富的校外技术人员和校内专任教师担任指导老师,以"双导师制"打造高水平劳动教育实践师资团队,结合所学专业进行"高质量、高科技"劳动实践。笔者在课题调研中所收集的结果显示,在所调查的1 000个样本中有93%以上的大学生愿意在学校通过劳动获得一门实实在在的劳动技能。所以,在指导劳动实践中要引导学生通过劳动过程完成劳动教育课的同时,至少掌握一门劳动技能,能有"一技傍身",切身体验劳动本身这一行为,学会以劳赋能、以劳促学,学会以劳强体,学会以劳育德,更好地将劳动教育理念和实践相结合,达到"以劳育人"的根本目的。

三、丰富激励机制,促进劳动能力提升

对劳动教育实践采取一定的激励机制,将劳动实践过程由"完成任务式"转为"自愿自发式",有助于增进学生劳动兴趣,有助于提升学生劳动能力,有助于激发学生劳动创造力。

1. 对学生的激励措施

首先,建立劳动积分制,使学生从"懒"干活向"揽"活干转变。由劳动教育研究院、大学生社区服务中心、劳动实践基地三方共同制定《大学生社区劳动积分制度》。一是设置劳动积分与学分互换,学生可以通过劳动实践获得积分,在达到一定分数后可以与学分进行置换,这对于高校的学分制改革也有一定的促进作用;二是每个楼栋设置劳动积分榜,每周或每日将学生们的劳动所得积分实时更新展示在楼栋橱窗,线上楼栋微信群或QQ群同步更新,对排行榜的前几名设置额外奖励;三是不断完善制度,要根据学生的变化,不断地完善和改进积分制度,以适应学生更好地成长发展。

其次,将劳动积分列入大学综合测评成绩评估标准中,使学生的评价标准由"唯分数论"向"多维目标"转变。从过去只看成绩的意识中走出来,要求高校对学生的评价依据从学生的"知识水平的提高、劳动能力的提升以及积极价值观的变化"等多个纬度出发,更好地引导学生全面发展。

再次,将大学期间的劳动成果或劳动积分并入考研究生、考公务员,以及就业的考核标准中,让学生由"毕其功于一役"转变到"功在平时"。大学所学专业知识和技术

技能最终是服务于学生未来的生活和生存,大学生毕业不论是考硕士研究生,还是考公务员或者就业都会给学生带来无形的压力,为了尽量避免“毕其功于一役”的现象发生,并让他们深深感知“功在平时”,在劳动教育这一领域,可以将大学期间的劳动成果或是劳动积分并入考研究生、考公务员、就业的考核标准中,并在学生进入大学时就予以告知,使学生在思想观念上、学习计划中都加大对劳动的重视。

2. 对老师的激励措施

为激励教师把更多精力投入劳动教育教学,一是要设立“劳动教学奖”,鼓励在劳动育人方面取得显著成绩的优秀教师;二是学校在专业技术职务聘任文件中将劳动教育工作作为基本条件,并以劳动教育工作量和本科教学工作考核结果作为职务聘任的基本条件;三是将承担劳动教育课程、课程思政等作为业绩成果,使其与科研成果并列,激发教师投身劳动教育工作的积极性。

四、健全评价机制，充分发挥劳动教育价值

劳动教育难以量化考核,这是劳动教育的痛点,也是其容易被边缘化的原因之一。建立关于劳动教育的评价机制,对劳动教育过程进行监督管理,这样才能保证切实有效地开展劳动教育,达到劳动教育的根本目的。

1. 初步实施计划

一是组建劳动教育评价工作机构,自开展劳动教育工作开始,就应及时组建劳动教育评价机构。机构工作人员主要来自劳动教育研究院、劳动教育实践基地、大学生社区服务中心,可以由其组成评价工作组、督查工作组等。二是向劳动领域专家寻策问计,要多向有关专家请教开展劳动教育评价的工作对策,这些专家都在理论与实践研究的前沿,会有更好的对策、实时的信息、专业的方法供我们引用或借鉴。三是及时向有关领导汇报工作进展,向各级政府部门汇报开展劳动教育质量评价的进展,及时改革完善现有措施等。

2. 具体实施办法

劳动教育的评价机制是为了更有效地促进各地、各高校落实《关于全面加强新时代大中小劳动教育的意见》和《大中小劳动教育指导纲要》的精神,实现新时代劳动教育的新要求、新任务和新使命,以通过评价机制的建立发挥劳动教育的导向、规范、鉴别、诊断、纠错、反馈等功能,为劳动教育的推进提供保障。一是健全和完善学生劳动

素养评价标准体系,明确各级各类学校学生劳动核心素养的标准,从而为劳动教育的实施提供科学、合理且目标清晰的参照依据和指导标准。二是建立学生劳动素养监测制度,全程、全面地监测全国、各地、各校在实施劳动教育过程中对学生劳动素养的提升作用与效果,及时将监测结果反馈给各地、各校,同时在监测报告中给出合理且具有一定操作性的指导建议。三是建立劳动教育监督体系,不仅对学校劳动教育开展的有效性等进行督导,还要对地方各级人民政府和有关部门保障劳动教育情况进行督导,双向监督下保证切实有力开展劳动教育。四是大力发挥政府的主导作用。政府的重视对于推进劳动教育发展,促进民众思想观念的转变有着极为重要的作用,政府的投入与支持,更是一种实质的推动。所以我们要建立的是由政府主导,各级各类教育部门为主体,各级各类学校共同参与,以及与学校内部评价体系相结合的劳动教育评价体系。各部门联动互助,共同推动劳动教育的实施。

新时代的教育需要新的观念、制度。加快构建"五育并举"的教育体系,是中国进入新时代的必然要求。大学生社区作为学生生活时间最长的地方,将在此背景下有着越来越重要的地位。坚持党的方针,充分开发和整合各种可利用的教育资源,不断推进和完善基础设施建设,加强政府与社会的合作,形成各方合力,共同推进劳动教育实践,培育全面发展的社会主义事业建设者和接班人,助力中国百年复兴大业。

(朱傲雪,武汉传媒学院思想政治理论课部教师)

基金项目:本文系教育部人文社科项目"建党百年中国共产党关于"五育并举"培养青年的落实机制研究"(项目编号:21JDSZ3066)的阶段性成果。

参考文献

[1]滕青,杨汝奎,方美君.关于大学生劳动教育的思考[J].教育探索,2008(10):2.

[2]李欢.新中国成立初期学校劳动教育的实践探索与经验启示[J].兰州学刊,2022(4):11.

[3]张盈,陈祥.基于第二课堂活动视角提升大学生"四自"能力[J].湖北经济学院学报(人文社会科学版),2020,17(4):3.

观察思考

论乡村振兴中新乡贤榜样作用的发挥

◇ 李光雯

摘要：自古以来，乡贤在中国乡村发展与治理中发挥着重要作用。当代新乡贤作为才德兼备、乐善好施、功成名就的农村先进群体是促进乡村振兴的内生动力。新乡贤心系故里、不求回报地反哺乡梓，以嘉言懿行涵养民风，是村民学习的榜样。相关部门应注重发挥新乡贤榜样的示范引领作用，激励村民学习和弘扬新乡贤榜样精神，不断完善自我，共建富强、美丽乡村。随着城乡差距扩大、人才外流加剧，新乡贤榜样作用的发挥面临着对象缺失、素质有待提升、机制有待创新等问题，亟须加强培育新乡贤群体。我们要坚持正确思想引导，创新机制平台，重建新乡贤文化，释放榜样精神力量，培育文明乡风。

关键词：新乡贤；榜样作用；乡村振兴

引　言

完成脱贫攻坚后，党中央全面推进乡村振兴工作。乡村振兴仅靠外部力量的引导与扶持是不够的。新乡贤群体中不乏行业能手、业界精英和民间楷模等。他们基本成长于乡村，而后外出求学或经商，并取得了一定成就。他们的共同特点是品德高尚，乐于为乡村发展出谋划策。新乡贤是新农村经济建设的领头人，是农村社会主义核心价值观的忠实践行者，是农村基层治理的积极奉献者，在新农村建设中起到了良好的榜样示范作用。

由于城镇一体化进程加快，乡村人口外流趋势上升。年长的新乡贤一般定居于乡村，熟悉乡土人情，积极参与农村建设。但是许多年轻新乡贤长期居住在外，回乡次数较少。农村精英人才流失对农村经济、文化等方面的建设造成了不利影响，亟须政府和当地村民结合实际情况解决问题，实施相关政策，完善平台机制等，吸引新乡贤反哺乡梓。政府应聚焦新乡贤群体,采取多种方式全面推进乡贤助力乡村振兴,使新乡贤与村民情相近、心相连,潜移默化地发挥榜样作用。

一、新乡贤的含义

在中国古代,皇权不下县,基层治理主要依靠当地乡绅。传统乡贤是宗族文化熏陶下的产物,具有较高的门第要求,对乡村治理有较大的自主权,是皇权的代言人。新时代新乡贤的划分标准和原则已然不同于传统乡贤。新乡贤不一定是社会上的精英阶层,他们的身份、职业和社会地位朝着多元方向发展。从总体看来,新乡贤的内涵更为丰富,限制条件较少。新乡贤一般是村中具有贤德之人。“乡贤是一个区域范围内有德行、有才华、为家乡社会作出重大贡献的善人。立德、立功、立言是乡贤的具体标准”[1]。新乡贤是指乡村德行高尚之人,出身和财富对社会人来说固然重要,但是具有良好的道德水平和较高的科学文化素养才是评判新乡贤的主要标准。有关专家指出,“乡贤有四个必备的要素:一是地域性的身份,即本土之人;二是品德,即拥有同时代人所仰慕的道德品格;三是能力,即有出众的才干或学问;四是声望,即受乡人推崇和赞誉,享有崇高的声誉”[2]。由此可见,新乡贤一般是长于乡村而后外出打拼取得一定成就回馈乡梓、长期致力于乡村建设的人。

二、榜样作用的构成

榜样的先进事迹生动形象地展示了自身所蕴含的优秀道德品质、渊博知识等,更易使受教育者产生共鸣,向榜样看齐,弘扬文明风尚。榜样作用的构成主要分为个体作用和社会作用两个部分,个体作用又包括导向、规范和激励三个方面作用,榜样的社会作用主要表现在经济、政治、文化三个方面。新乡贤作为乡村先进分子,具有较高的思想道德素质、理论文化素养和技能等。他们一般对于家乡有着深厚的眷恋之情,愿尽自身力量反哺乡梓,是乡民学习的榜样。

1. 榜样的个体作用

第一,导向作用。这主要体现在对受教育者的目标和价值的引领上。榜样个体层面的导向作用一方面体现为目标导向,榜样的示范为个体的成长和发展提供了明确的方向;另一方面体现为价值导向,榜样引领个体道德的发展方向。榜样以实际行动和成果向受教育者生动形象地展示了真、善、美的内涵与形式,富有感染力和吸引力,引导人们确立高尚的人生目的，保持积极的人生态度，更加注重社会价值的实现。榜样的导向作用不同于灌输教育或填鸭式教育，它更注重受教育者主体性的发挥，有利于提高教育活动的实效性。

第二，规范作用。这主要指的是参照榜样的形象，个体主动地对自己的思想和言行进行审视和调整，以达到符合主流价值观的要求。榜样规范作用可以使个体自我反省，使个体采取适当的方式改正自身不良的思想和行为，奋力弥补不足，日渐缩小差距。榜样对受教育者的规范作用，并非是教育者向受教育者强制实施的对自身缺点与不足的调整或改正，而是受教育者根据榜样塑造的形象主动地进行自我调整、自我改变。这种规范作用更加突出个体的主观能动性和自律性，效果更为显著。

第三，激励作用。激励的形式和手段较为多样，学者主要将其分为物质激励和精神激励。“榜样激励属于精神激励的一种，具体表现在激发动力、鼓舞意志和延续行为等几个方面”[3]58。一是激发受教育者提升自我的动力。榜样塑造的形象即是受教育者想要成为的，但却受主客观因素制约尚未实现的形象。具有明确目标和方向的个体在榜样的激励下，更加渴望提升自我、完善自我、超越自我。二是坚定受教育者克服困难的意志。榜样之所以是万众看齐的对象，是因为其具有高尚的道德品质、过人的技术本领、坚不可摧的意志，即榜样成就了一般人无法完成的事业或做出了广为称赞的行为。其所树立的形象潜移默化地熏陶受教育者坚定理想信念，在面临困难和挫折时能一如既往地砥砺奋斗精神，保持昂扬斗志。三是鼓励受教育者保持行为的延续性，不达目标不罢休。榜样所做的行为或许看似很普通，但其贵在有恒，日复一日，年复一年，未曾变更初心、忘记使命，能在平凡岗位上坚持不懈地做好一件事。

2. 榜样的社会作用

从宏观层面划分，榜样的社会作用主要包括经济、政治、文化三个方面的内容。榜样的社会作用主要是指榜样在促进社会发展和进步方面所发挥的力量。榜样社会作用的发挥离不开榜样的选树、宣传、学习等系列实践活动。

第一，社会经济作用。一方面，榜样通过社会实践活动创造财富，推动社会生产力的发展，这是直接推动社会经济发展；另一方面，榜样能调动社会成员参与物质财富和精神财富生产的积极性，从而间接推动生产力的发展和财富的增加。具体来说，榜样能直接创造物质财富和精神财富，促进生产力的发展。生产力的构成要素包括以生产工具为主的劳动资料——物的要素，还包括具有一定生产经验和劳动技能的劳动者——人的要素。在这两大类要素中人是最为核心关键的。而人的要素又分为两个基本方面，一是科学文化知识和综合劳动技能，它们直接作用于生产资料；二是人的精神状态和道德品质,主要表现为人的道德品质的高尚程度,即是能做到一心为公、无私奉献,还是只能做到不损公肥私、遵纪守法,还表现为劳动者劳动过程中所呈现的工作态度是否端正和是否有高度的责任心等。榜样身上所蕴含的精神动力能对人们的行为起到导向、规范和激励作用,极大地提高劳动者的思想道德素质和劳动积极性,间接地促进生产力的发展,因此榜样作用的发挥对社会经济的发展具有推动作用。

第二,社会政治作用。其内涵是指榜样在促进政治发展、凝聚社会力量、促进社会认同等方面所发挥的作用。它主要表现为如下几方面,首先,引导和动员群众。政治动员总是会采取一些途径和手段,其中一个有效的方式是树立榜样,发挥榜样的示范和引导作用,号召民众向优秀典型人物学习。通过宣传榜样,向公众传播政治意识,隐性而有效地将政治主张灌输给普通民众,公众的排斥程度大大降低,这有利于获得更多民众的支持,凝聚社会力量,促进社会政策和方针的顺利贯彻、落实。其次,减少官方与民众之间的距离感,增强有效沟通,维护政治统治。政治制度的制定者和执行者与普通民众之间,会因为利益分配、信息不对称等因素形成隔阂和误解,政治统治者在管理民众时难以获得较多支持,政策贯彻落实会遇到较大困难。上级部门会从民众身边选树一批为群众熟知并敬佩的优秀人物作为学习的榜样,以先进模范为载体弘扬官方所倡导的价值理念和行为规范,发挥榜样桥梁纽带作用,进一步消弭官方和民众的疏远感。

第三,社会文化作用。其是指榜样对社会主流文化的传播以及运行过程所产生的影响。它主要包括文化传播和文化创造两方面的作用。首先,文化传播是指社会通过选拔和宣传某一类型的榜样,传播主流价值观或传承民俗文化,使民众在主流价值观的熏陶下,形成符合社会发展要求的思想价值观念,弘扬文明新风尚。榜样身上所蕴含的文化一定是健康的、积极向上的文化,既传承中华传统文化内涵又符合先进文化的时代要求,帮助大众自觉抵制腐朽落后文化的侵扰。文化传播并非是单向、强制的灌输,而是在充分尊重受众意愿的基础上民主化的有效传播,是既注重信息传播,也注重情感交流的双向沟通。优秀文化所蕴含的精神力量,往往需要借助物质载体,才能进一步发挥浸润人心、涵养民风的作用。榜样作为一种文化价值符号,生动形象地展现了文化的力量。其次,是文化创造。榜样具有自觉能动性,在能动认识世界的基础上,根据时代变迁的需要和自身的特点能动地创造文化,使文化拥有源源不断的活力,更好地适应受众发展要求。文化传播并非是机械的单一的文化推广,更是一种文化再生产的过程,它需要与时俱进,开拓创新。

榜样的作用体现在个体和社会两方面,但值得注意的是,这只是基于理论划分的需要,在实际运作过程中个体作用和社会作用是相辅相成、相互渗透的。总体而言,个体作用是基础，社会作用的实现必须依靠于个体作用的发挥。人是发展过程中最关键的核心要素，榜样的力量只有对个体的完善产生实质性的影响，才能进一步促进社会经济、政治、文化的发展。社会作用是衡量个体作用发挥情况的标尺，良好的社会成效在某种程度上可进一步促进个体作用的发挥。只有社会作用取得显著成效，个体的作用才算真正发挥出来了。

三、发挥新乡贤榜样作用面临的困境

乡村振兴中新乡贤榜样作用的发挥取得了一定的成果，积累了相关经验，但是也不可避免地存在着一些问题。这类问题的有效解决，是促进有效发挥新乡贤榜样作用的关键。影响新乡贤榜样作用发挥的因素是多方面的，本文从社会环境、平台机制、宣传与学习方式、村民自身等因素方面进行分析。

1. 榜样主体缺失趋势明显

人才是实现乡村振兴的关键。新农村建设需要依靠人才促进产业的深度融合、优化升级。新乡贤一般都具有一定的技能或科学文化知识，是人们公认的能人。但是总体而言，农村新乡贤年龄偏长，体力渐弱，创新意识有待进一步增强。新乡贤队伍呈现缩小的趋势，这主要有两方面的原因，第一，农村出现“空心化”现象。受社会大背景的影响，伴随着城镇化进程的加快，大量年轻人涌入城市谋生定居，农村逐渐呈现空心化现象，常年居住人口老龄化。功成名就的新乡贤在政府的号召下重返故土，为乡村建设贡献力量时年岁已长，其知识的储备及管理精力略显不足，而且政府很难寻找新生力量去顶替老一辈的乡贤，继续发挥榜样作用。第二，“人才虹吸”现象普遍存在。“人才虹吸”是指县级单位缺乏人才，得不到补充时，会从乡镇选拔一批长期扎根基层、本领过硬、经验丰富的人才补充队伍。这就导致农村人才出现青黄不接的情况，新乡贤榜样作用的发挥受到严重阻碍。乡村精英外流问题的解决不是一蹴而就的，需要逐步提高经济、文化、教育等发展水平，吸引精英返乡、造福一方。

2. 榜样作用发挥机制有待完善

新乡贤是村中德高望重之人，办事能力强，人脉资源广，深受村中人的支持和认可，但新乡贤一般不会主动解决村中事务，毕竟新农村建设的主要力量还是依靠在职干部。如果新乡贤过于主动地参与乡村治理、监督事务、调解村民纠纷，会被认为爱出风头。村民也表示自己遇到困难一般都会寻求村干部的帮助，毕竟他们是村中事务的处理者，具有较高的话语权和执行能力，能够较为及时地解决问题。新乡贤参与乡村建设的频率不高,主要原因是相应的平台和机制较为短缺,他们无法及时有效地帮助村民处理现存问题。但是,当问到新乡贤是否愿意加入新乡贤议事会等组织为家乡发展贡献力量时,大多数的新乡贤都表示愿意加入,能为家乡建设出谋划策,是一件光荣之事。因此,新乡贤群体愿意参与乡村建设,为家乡发展贡献力量,但由于缺乏平台机制,无法尽心尽力地发挥自身力量,回馈乡梓。因此,亟须进一步明确新乡贤的职责和定位,划清新乡贤所做之事的界限和范围,精准高效地为民解决困难,树立良好榜样形象。

3. 对榜样的宣传和学习方式较为单一

借助网络媒体、文学作品、学习讲座等形式宣传新乡贤榜样,传播新乡贤文化和精神,使新乡贤事迹家喻户晓,为榜样力量的释放奠定坚实基础,有利于充分发挥新乡贤在乡村振兴中的榜样作用。但是对新乡贤榜样的宣传和学习方式较为单一,一是宣传的媒介缺乏多样性。对新乡贤事迹的宣传主要是通过政府官方网站进行报道,而较少利用微信公众号、微博、抖音等短视频的新兴媒介。大多数村民浏览政府网站的次数较少,缺乏对新乡贤榜样的深度了解,无法持续而全面地学习榜样精神。二是宣传的形式缺乏丰富性。官方网站宣传新乡贤榜样人物事迹一般采用图片加文字的形式,未采用视频形式生动形象地展现新乡贤榜样形象。加上农村大部分村民文化知识水平不高,宣传缺乏吸引力。三是宣传内容挖掘深度有待提升。官方网站主要以人物传记的形式展现新乡贤榜样事迹,未能深刻凝练榜样人物蕴含的内在精神力量,反映新乡贤榜样精神的精品之作为数不多。

4. 村民价值取向呈现多样化

我国的社会主义市场经济呈现蓬勃发展之势,伴随着互联网的普及和城镇化进程的加快,广大农民不断受到外界价值观念的影响,以往“重义轻利”“集体主义”等传统乡土价值取向,逐渐受到多元文化思潮的影响,社会上不可避免地出现了金钱至上、享乐主义、个人主义等不良思想。这在很大程度上影响了新乡贤榜样作用的发挥。新乡贤榜样彰显着不求回报、造福乡梓、奉献社会的价值导向,是乡民天然的学习榜样。但是受多元文化思潮的影响,村民对于新乡贤所做之事,会不由自主地从功利视角进行评判,有些村民不会对好人好事大加赞扬或效仿,而是一味地冷嘲热讽,认为新乡贤爱出风头,使新乡贤承受了较大的压力和痛苦。以往乡村的吃苦耐劳、艰苦朴素的淳朴之风也淡化许多。有的村民认为新乡贤所做之事是值得赞颂的,对自己也能起到一定的引领示范作用,但是由于缺乏良好的社会环境,榜样身上蕴含的精神力量难以持续发挥作用,自己也很难长期克服多种障碍,向新乡贤看齐,不求回报地造福乡梓。

四、乡村振兴战略下促进新乡贤更好发挥榜样作用的对策

1. 培育乡村精英,吸引新乡贤回归故里

国家应大力优化农村环境,吸引新乡贤共建家乡。首先,加大对农村义务教育、卫生医疗等基础设施的建设力度,完善农村社会保障制度,努力缩小城乡之间的发展差距,提高村民的生活幸福指数,使新乡贤愿意长期留在家乡,为乡村振兴贡献力量。其次,要营造良好的就业创业环境,使新乡贤带着资金、技术等资源回归家乡。地方政府可围绕新乡贤创业就业的需求,实施产业帮扶、奖励补贴、税费减免、融资贷款等优惠政策。最后,根据当地实际科学制定一套人才引进政策,通过招商引资、吸引大学生返乡创业等方式,把散落在各地的人才吸引回到家乡。

2. 完善评选机制,提高新乡贤整体水平

完善评选机制,提高新乡贤整体水平,有利于更好地发挥新乡贤的榜样作用。第一,新乡贤评判和选举的标准是贤德为首。有些地方是以为官、财富作为乡贤的标准,而忽视了乡贤的才能和功绩。坚持用正面的精神力量引领村民积极向上,助力乡村振兴,培育淳朴文明乡风。第二,重视评选新乡贤的民主性。新乡贤的评选一定要坚持"村民推荐、村民监督"的评选规则,在村干部号召、组织下,采用形式多样的推荐形式,征求村民意见。第三,要坚持政府的主导地位。在广泛收集村民的意见之后,政府需全面对候选人进行政治审查。新乡贤一定要坚持党的领导,政治立场坚定,无不良记录。评选新乡贤是一项系统工程,需要党政各部门通力合作,共同努力,选出村民的贴心人、好榜样。第四,加强对新乡贤队伍的管理,健全准入和退出机制。如果新乡贤违反了相关规章制度和道德规范,必须撤销新乡贤的称号,收回相关荣誉证书等,确保新乡贤队伍的先进性、纯洁性,使新乡贤在乡村振兴中能站得住脚,以良好的道德品质和先进的精神力量引领村民崇德向善。

3. 建立关怀机制,助力新乡贤反哺乡梓

村民认为新乡贤是学习的榜样,身上蕴含着无穷的精神力量,充满正能量,能使人向善。但是新乡贤也是普通人,不是完美无瑕、不食人间烟火的神,在参与新农村建设、发挥榜样示范作用过程中也会遇到众多无法解决的难题,政府应建立关怀机制,助力新乡贤反哺乡梓。第一,给予新乡贤精神鼓励。在村中重要节日和会议召开之际,分享新乡贤先进事迹并加大对其的表彰力度,引导村民效仿新乡贤,规范自身言行。

第二,切实维护新乡贤的正当利益,积极为新乡贤提供相应的生活保障。相关部门要依法严肃处理侵犯新乡贤群体正当利益,打击报复、仇视新乡贤的事件。积极协调各部门建立扶危济困、好人有好报、保护榜样正当利益的社会风尚。第三,建立稳定的社会关爱机制。新乡贤榜样大都年龄较长,长期居住乡村,与异地的家人相处时间较少,生活中容易出现孤独感。相关部门可以联合学校成立志愿者协会,引导学生和村民经常关爱和慰问新乡贤,将温暖传递给新乡贤。

4.设立新乡贤理事会,参与乡村建设

设立新乡贤理事会,为新乡贤提供参与乡村治理的平台,有利于推动文明乡村建设,为村民树立良好榜样。首先,明确新乡贤理事会的定位和职责范围。新乡贤理事会是基层政府的辅助和补充,而不是凌驾于乡村政府的组织,它应当主动配合当地政府处理社会问题,做好乡村的调解员,维护乡村社会稳定,促进社会主义核心价值观落地生根。其次,制定和落实新乡贤理事会的规章制度。深入了解新乡贤的合适人选,确定新乡贤理事会的领导班子和具体职责等。再次,建立合理的运行机制。新乡贤理事会的运行,必须接受村民和政府的监督,政府在决定村中一些事务时也能邀请新乡贤代表献言献计。

5.创新新乡贤宣传路径,增强榜样影响力

新乡贤榜样蕴含着无穷的精神力量,榜样力量的释放离不开对其事迹的宣传和学习。第一,创新宣传方式,扩大受众面。相关人员深入挖掘和报道新乡贤榜样人物,坚持运用政府官网、微信、抖音等平台报道榜样先进事迹。市内、省内、中央新兴和传统媒介要相互配合,形成强大的合力。线下可通过报刊栏展示、表彰大会、榜样人物座谈会等形式,多元化地宣传新乡贤先进事迹。第二,创新宣传载体,增强感染力。充分发挥民间艺人、群众文艺团体等的积极性和创新性,将新乡贤榜样精神与传统民俗技艺相结合,创造反映新乡贤榜样精神的小品、耍耍、三才板、傩戏等文艺作品。采用群众喜闻乐见的形式宣传新乡贤事迹,弘扬崇德向善、无私奉献的精神,营造出良好的榜样学习环境,更易使村民产生情感共鸣。第三,创新宣传内容,释放榜样力量。在报道新乡贤先进事迹的基础上深度凝练新乡贤榜样精神,授予新乡贤"乡村领头雁""纠纷调解员""五好家庭"等荣誉称号,有助于增强榜样教育的导向性和实效性。

6.培育文明乡风,践行新乡贤榜样精神

乡村兴则国兴,乡村是熟人社会而非商业化的组织。新乡贤站在村民立场上为人民服务,乐善好施,为村民调解各种纠纷,解决现实问题。他们以身作则,具有很强的感召力。第一,传承传统美德,夯实榜样精神根基。为传承中华传统美德营造良好的社会氛围,有利于让村民明辨是非,主动抵制各种不良思想的侵扰,努力向新乡贤榜样看齐,不断提高对自身的要求,改正不良行为。第二,学习先进思想,弘扬核心价值观。习近平总书记一直强调要把弘扬和培育社会主义核心价值观作为凝魂聚气、强基固本的基础性工程。才德兼备、乐善好施的新乡贤既接受了传统文化的熏陶,又学习了新时代的先进思想,是社会主义核心价值观的引领者和践行者。新乡贤是农村先进群体,时刻以高标准严格要求自己,他们将社会主义核心价值观的目标转化为现实的行动,为当地村民树立了优秀的榜样,起到了良好的示范作用,能促进社会主义核心价值观在农村落地生根。第三,重构新乡贤文化,带领乡民崇德向善。相关部门应聚焦乡贤文化,重点建设乡贤系列工程,使乡贤精神催人奋进,浸润人心。“乡贤文化深烙着地域精神文化印记,是离乡游子联系故土和维系乡情的重要精神纽带,也是激发广大乡贤奉献乡梓和反哺乡亲的强大精神原动力”[4]。新乡贤文化具有很多的功能,其中最重要的功能还是其价值导向和道德规约作用。因此重构乡贤文化,充分发挥新乡贤的榜样带动作用,对于塑造乡村德治秩序,提升乡村德治水平,具有重要的意义。首先,可以搜集历代古乡贤和现代新乡贤为家乡做出的贡献,在村民活动中心设立乡贤文化墙或者是建立乡贤文化广场、文化展览馆等,用乡贤文化来潜移默化地影响乡民。其次,可以向浙江省绍兴市、湖南省长沙市等地学习借鉴对乡贤文化保护和传承的经验。力争讲好乡贤故事,传播乡贤文化,引导村民崇德向善,激励乡民为新农村文化建设共谋发展途径,共同培育文明乡风。

当今,乡村振兴是实现社会主义现代化建设的重点工作,只有从源头上解决乡村的自我修复与发展能力,才能改变乡村贫困落后的面貌,提高农民的生活水平,培育淳朴乡风、文明新风。而新农村的建设更应当尊重乡民的基本意愿,我们要依靠农村现有资源,走具有当地特色的创新发展之路。新乡贤熟知乡村的优势和短板,与村民建立了良好的人际关系,不求回报地为家乡建设出资出力,是乡民天然的学习榜样。新乡贤具有乐善好施、无私奉献、拼搏向上、团结互助等良好品质,其先进事迹广为村民称赞,成为村民看齐的榜样。新乡贤榜样的辐射、感染和激励作用带动村民共同为乡村振兴出谋划策。但是大部分村民对新乡贤榜样的认同度和学习度有待进一步加强,为了更好地发挥榜样的作用,相关部门应有组织、有计划地开展榜样的选树、培育、宣传和管理等活动,增强榜样作用发挥的实效性。

(李光雯,武汉传媒学院思想政治理论课部助教)

参考文献

[1]边春慧. 新乡贤文化研究[D/OL]. 温州:温州大学,2018[ ]. https://kns. cnki. net/kcms/detail/detail. aspx? dbcode = CMFD&dbname = CMFD201901&filename = 1018285486. nh&uniplatform = NZKPT&v = yza8l4zXwyGLunKA91kgYC4QJEkcuwUnnVtRnK8OhHRlDxzIwqkjLA0LXCzPL6K-.

[2]王力沛. 新乡贤推动农村精神文明建设研究[D/OL]. 开封:河南大学,2018[ ]. https://kns. cnki. net/kcms/detail/detail. aspx? dbcode = CMFD&dbname = CMFD201901&filename = 1018228758. nh&uniplatform = NZKPT&v = 29YllGxZiHDf8Ds32W-n6AmMtPHTOZwGIYPe37cTLpDqKvWwejMWklcmdoGVjtar.

[3]李蕊. 社会主义核心价值观的榜样引领机制研究[M]. 北京:人民出版社,2019.

[4]白现军. 乡村振兴战略下的乡贤文化传承与创新[J]. 北京社会科学,2021(12):91-99.

乡村振兴战略背景下鄂茶产业发展状况、问题及对策研究

◈ 李梦柯

摘要：乡村振兴，产业兴旺是重点。推动湖北茶叶产业结构调整，全面提升茶叶产业发展优势和市场综合竞争力，是贯彻落实产业兴旺、生活富裕总要求的一部分。本文总结了在乡村振兴战略背景下湖北省茶叶产业发展的优势，指出目前湖北省茶叶产业发展存在的主要问题，分析制约鄂茶产业发展的原因，并根据实际情况对如何加快发展鄂茶产业提出了相应的对策措施。

关键词：乡村振兴；茶叶发展；产业升级

《中共中央 国务院关于实施乡村振兴战略的意见》指出，实施乡村振兴战略，是实现全体人民共同富裕的必然要求。湖北曾是全国最大茶市，汉口作为“东方茶港”，前后兴盛200余载。然而，时至今晶，湖北省的茶叶产业竞争力与其他省份相比却存在不小差距，湖北茶中叫得响、卖得好、影响力大的品牌少之又少。在品牌建设和推广上，湖北还要下足功夫，深入挖掘茶文化资源，打造“三峡毛尖”等特色品牌，扶持茶叶产业发展，助推鄂茶产业转型升级，谱写新时代乡村全面振兴新篇章。

一、湖北省茶叶产业发展背景与优势

民族要复兴，乡村必振兴。习近平总书记指出，“乡村振兴是实现中华民族伟大复兴的一项重大任务。要围绕立足新发展阶段、贯彻新发展理念、构建新发展格局带来的新形势、提出的新要求，走中国特色社会主义乡村振兴道路”[1]。随着改革开放的深入推进，农村事业的建设得到了较大的发展，因地制宜地挖掘和发展与特色传统文化、自然资源等相结合的乡村特色产业，成为在社会主义新时代实施乡村振兴战略

的重要途径。湖北是农业大省,坚定不移地走中国特色社会主义乡村振兴道路,以更大的决心、更明确的目标、更有力的举措推进乡村振兴,让农业成为有奔头的产业,是全省各级党委、政府和广大干部群众共同的责任。中国特色社会主义新时代,在中国共产党的领导下,乡村迎来了难得的发展机遇。乡村是一个可以大有作为的广阔天地,我们要坚持发挥中国特色社会主义的制度优势,带领亿万农民,立足国情农情,顺势而为,举全党全国全社会之力,以更大的决心、更明确的目标、更有力的举措,落实质量兴农战略,谱写新时代乡村全面振兴新篇章。如今,在乡村振兴战略的指导下,茶叶作为一种特殊的经济作物,是湖北山区农村经济发展的特色农产品,发展茶叶产业无疑是一条脱贫致富的出路,茶叶产业将成为振兴乡村的重点产业。

1. 地理环境优越

茶叶属亚热带耐阴性的多年生常绿植物,喜温、喜湿、喜漫射光,要求年平均气温、生产期间月平均气温均在 15℃以上。九省通衢的湖北省地处长江中游,属亚热带季风气候,四季光热界线分明,年均温度、降雨量适中,地貌多样,土壤从南到北呈现红壤到黄棕壤的地带性水平分布规律。从光照、土壤、湿度来说,湖北具备适宜茶树生长的自然条件,其上好鲜茶叶的品质一流,发展茶业有得天独厚的自然条件,目前已形成鄂东大别山、鄂西武陵山与宜昌三峡、鄂西北秦巴山、鄂南幕阜山以及鄂中大洪山“五大优势茶区”。

2. 历史悠久,文化底蕴深厚

湖北省是“茶祖”神农、“茶圣”陆羽、“茶神”孔明的故乡。陆羽所著《茶经》被誉为“茶叶百科全书”,是中国乃至世界现存最早、最完整、最全面介绍茶的第一部专著。湖北省在历史上和当代都是中国重要的产茶区之一,是全国茶叶大省,产茶历史悠久,茶文化底蕴深厚,茶区生态环境优越,茶叶品质优良。汉口茶市作为茶马古道的源头,继承了中国几千年茶艺历史传统。湖北茶树栽培始于三国时期,发展于唐代,至清而盛,尤其是从康熙、乾隆到道光年间,老青茶、红茶出口贸易带动茶叶生产盛极一时。中华人民共和国成立后,在“大力发展茶叶生产”方针的指引下,增加茶叶产区的商品粮供应,提高茶叶收购价格,同时制定了奖励茶种的办法,茶叶生产逐步恢复发展。20 世纪 80 年代,随着农村经济结构调整,茶叶产销放开搞活,给湖北茶叶生产和销售增添了活力。进入 21 世纪后,名优茶开发和品牌建设取得了令人瞩目的成绩。

二、湖北省茶叶产业发展面临的瓶颈与原因

1. 茶叶品牌杂而不响

一是核心品牌凝聚力不强，大小品牌层出不穷。截至 2018 年 6 月，湖北省在茶叶商品上注册地理标志商标共有 28 件，也就是有茶叶区域公共品牌 28 个。湖北省现有茶叶品牌众多，但还没有一个驰名全国的茶叶品牌。湖北的茶叶产业不缺历史、不缺人物、不缺品质、不缺故事，但是缺乏一个公共品牌的影响力，所以导致在全国范围内缺乏竞争力。

二是缺乏区域性公共品牌，优势资源整合难。区域品牌与企业独有品牌不同，区域品牌一旦得到消费者的认可，就能为区域内所有生产经营者带来效益。中国十大茶叶区域公共品牌，如西湖龙井、云南普洱、安溪铁观音等，基本上都是区域公共品牌，都覆盖一个特定区域内若干个获得共同地理商标使用授权的茶企，在一个品牌的旗帜下，众多茶企共同呵护一个品牌的壮大成长。湖北省有很多优质的茶叶资源，但这些优势资源未能得到有效整合，其价值未能得到有效发挥。

三是整体认知度不高，市场竞争力不强。近年来，川、贵、闽、豫等产茶省份也先后将茶叶列为主导产业和先导产业，如四川名优茶以 20% 的速度增长，对湖北的名优茶市场空间有较大的冲击。湖北龙头企业实力相对河南、湖南较弱，没有在全国的知名品牌。而河南仅"信阳毛尖"品牌价值就达到 41.39 亿元，居全国第 3 位。随着它们的强势崛起，湖北名优茶的市场空间受到严重挤压，市场份额大幅缩减。

2. 茶企数量多而不强

一是规模企业少，名优茶份额小。数据显示，湖北规模以上的茶企有 5 000 多家，但是年产值和年销售额超过 10 亿元的茶叶企业只有 2 家，超过亿元以上的茶叶企业只有 6 家，大部分茶企规模小、标准低、加工设备落后，有一部分企业并未达到安全生产的许可标准。湖北省茶叶生产仍处在传统加工阶段，名优茶份额小，约 90% 的茶叶资源被浪费，茶叶资源利用效率低，茶树资源利用率不足 60%，其价值发挥不足 20%，产品同质化严重，企业加工技术水平有待提高。

二是供给侧结构性问题凸显，高科技产品和高附加值产品开发不够。湖北省只有 71.4% 的茶园茶叶投入加工，干茶总产量 28.1 万吨，还有 9.27 万公顷茶园茶叶没有投入加工，全部投产后人均占有量高达 6.6 公斤，可供全省每人每天消费 17.95 克[2]。未来几年茶叶产能将进一步增大，如果市场需求不能同步增长，供过于求的市场态势

将严重影响茶产业的持续稳定发展。除此之外,湖北省茶叶产业也未走出贴牌的牢笼,处于茶叶产业链的最底端,盈利能力弱,经济效益明显不足。湖北所产鲜叶很大一部分作为原料被浙江、福建、安徽等茶叶强省收购,与其他产地茶叶拼配制成后出售,众多茶园成为省外知名茶叶品牌的原料基地,绿茶被贴牌成信阳毛尖、西湖龙井、六安瓜片等。

3. 种植规模大而不优

一是良种覆盖率低。与福建、云南等省相比,湖北茶树的良种数量所占比率很低,全国良种普及率有46%,福建良种普及率甚至高达95%,湖北至今却只有不到三成。在同等环境条件和管理水平下,良种茶树比普通种茶树增产20% -30%甚至更高。从全省来看,存在"重发展、轻管理、脱市场"的现象,调查显示,专用新品种、高效新模式、新技术推广普及不够,全省无性系良种茶园仅占总面积的55%,远远低于福建、浙江、云南等省的平均水平。

二是茶园单产量低。单产量指农作物的单位面积产量,是用来衡量单位面积土地生产能力以及反映地区农业生产水平的指标之一。数据显示,2017年,全省茶园总面积达530万亩,干毛茶总产量31.4万吨,茶业总产值181.6.亿元,茶园总面积和产量居全国第四位,居中部六省第一位[3]。虽然湖北茶叶种植面积大,单产效益明显优于其他农作物,但其种植面积与产量、产值并不匹配,产量产值都较低。福建茶园面积虽居于湖北后面,只有380万亩,但却实现了44万吨的产量和235亿元的产值。

三、制约鄂茶产业发展的原因分析

1. 打造区域公共品牌意识淡薄

一是受市场经济环境的影响,茶企未形成"抱团打天下"的合力。受经济利益的驱使,每个企业都只愿打造自己的品牌,而不愿打造区域性公共品牌,很多企业并未意识到共同的区域品牌能给企业带来更大的经济价值。目前,湖北茶叶的品牌宣传主要是由企业承担。这分散了资源和力量,于对外宣传和销售不利,而且容易引起恶性竞争,造成内耗,这导致难以打造有较大影响力的茶叶品牌。随着经济的发展,地方区域经济联系日益紧密,品牌化、专业化的商品生产是产业持续发展的关键,没有特色、规模较小的产业必将在市场经济大潮中走向失败。

二是区域品牌引领力弱,湖北茶企无牌可依。自发的商品市场容易形成盲目竞争、秩序混乱、管理不合理等缺陷,也会因为不合理的、过度的产品开发导致一些地方品牌资源的浪费。近年来,政府大力扶持茶叶产业的发展,为茶企提供了很多资金与政策方面的倾斜,茶产业的发展面貌在一定程度上获得了改观,但是政府由于考虑到不同利益的诉求,在公共品牌的打造方面缺乏投入,所以区域公共品牌的建设相对滞后,没有形成统一的、著名的区域公共品牌,使得湖北省的茶企无牌可依。

2. 茶叶产品开发深度不够

一是资源开发利用不够,茶叶加工技术相对落后。技术是一个企业发展的核心要素。同其他产茶省份相比,湖北省茶叶加工业的整体技术水平仍然十分落后,初制加工业更是如此,在湖北省 5 000 多个初制茶叶加工厂中,20 世纪 90 年代后建厂的约占三分之一。整体上来说,湖北茶叶加工厂普遍存在厂房老化、抗灾能力弱、规模偏小、厂房设计不科学、设备陈旧、机具不配套等问题。

二是科技投入不足,科技创新及转化能力较弱。科学技术力量一直是茶叶种植的基础性保障,但是科学技术的研究成果,只有转化成物质力量,才能实现其作为第一生产力的功能和意义。湖北茶产业结构不够完善,对新品种、新模式、新技术的推广普及力度不够。相比东部沿海发达省份,湖北省对茶业科技的资金投入明显不足,科技成果转化为生产力的速度较慢,茶业加工企业科技创新基础薄弱。目前,湖北省茶叶企业在专业人才培养与引进上还不够重视,没有专业的茶叶研发机构,从而造成创新能力无法与时代需求相匹配。

三是科技人才规模小,专业人才队伍建设不强。目前湖北省茶产业创新型科技人才还比较匮乏,人才结构也存在着一定的问题,分布也不尽合理。虽然湖北省也启动了茶产业相关创新型技术人才的培养和引进,但整体效果不佳。湖北省开办茶学专业的正规院校少,只有华中农业大学、长江大学、三峡职业技术学院等寥寥几所,专业型人才的输出量与湖北作为产茶大省的现实人才需求不匹配,茶园科技园区内科技人员配备比例不高,茶叶的科技含量和高附加值产品开发水平较低。

3. 基础条件薄弱

一是茶树品种选育起步较晚,良种普及率偏低。早期茶园种植方式以有性繁殖为主,茶树长势不一致,茶园种植管理粗放,技术落后,投入茶园施肥和病虫害防治的资金不足。茶树良种是遗传性状相对一致的栽培茶树群体,是茶叶生产中最基本的生产资料,也是茶叶产业提档升级和健康发展的基础。湖北茶树品种选育工作始于 20 世纪 70 年代末,远晚于福建、浙江、湖南、安徽等省。湖北无性系茶树良种覆盖率低且发展不平衡。

二是茶园建设质量较差,单产水平低。湖北省中低产量的产茶园比重较大。由于在建园时忽略建园质量,许多茶园耕作层浅,有机质含量低。茶资源夏秋利用率低。对茶园长期管理粗放,肥料投入不足。大家偏施化肥,灌溉设施和水土保持技术相对落后。缺乏茶园种植管理技术和茶叶采摘的相关标准与规定等造成茶园单产偏低。这些都成为影响全省茶产业持续健康发展的"瓶颈"问题。

四、助推鄂茶产业转型升级的对策建议

1. 品牌化:成立"三峡茶叶集团股份有限公司",凝心聚力打造"三峡毛尖"品牌

一是以供销社体系进行茶叶企业并购,成立"三峡茶叶集团股份有限公司"。茶叶的发展和烟叶的发展有很多相似之处,湖北中烟工业有限责任公司多年跻身全国企业500强行列,烟叶发展的成功经验可为茶叶的发展提供参考。湖北省可以用资本(股权)的形式尽可能整合区域内茶企,用现代企业管理的体制监管整合后的茶企,始终把市场运营放在第一位。湖北省可以以某一龙头企业为主体,整合其他茶业企业,向湖北省人民政府申请,成立"三峡茶叶集团股份有限公司",集绿茶种植、生产、加工、研发、内销、出口、文化推广于一体,全产业链经营。以本土特色资源为优势,实行规模化和产业化,争取用3~5年时间,引导其发展成为引领湖北茶叶产业做大做强的骨干企业,努力助推湖北茶产业整体转型升级。

二是主打"三峡毛尖"品牌,重塑"中国茶都"。按照"区域公用品牌+企业产品品牌"母子品牌模式开展全省茶叶品牌培育工作。"采花毛尖""恩施玉露""邓村云雾""神农奇峰""峡州碧峰""仙人掌茶""松峰绿茶"等都是湖北省的名优绿茶产品,但也正是因为湖北省有这么多的品牌,每个品牌各自为战,导致没有一个能在全国叫得响的品牌。所以省政府要敢于抓住一个品牌做足文章,比如浙江安吉利用10年时间,政府统筹,以联合体形式抱团发展,打出"生态茶"等特色卖点,将"安吉白茶"品牌推向全国;贵州主打四个公共茶叶品牌;江西主推"三绿一红";浙江每个县有一个特色茶品牌;四川将茶品牌宣传做到央视……这些经验值得借鉴。建议整合众多品牌,统一使用"三峡毛尖"品牌,扩大湖北绿茶的知名度。

2. 优质化:加快实施"科技兴茶战略",实行规模化经营

一是整合全省的茶叶科研人才力量,推进湖北茶产业研究院建设。积极整合湖北省茶业方面的科研人才,组建茶叶产业研究院,除配置常规管理人员外还应建立长期的专家联席制度,联合专业院校对茶园进行长效管理。湖北中烟品牌由弱变强的根本途径在于科技创新,公司于2003年起借助地方政府的支持,联合20多家科研院所共

计近2000名社会专家的力量,筹建创办黄鹤楼科技园,构建外延型技术创新平台,实现80%以上成果转化率,使得黄鹤楼品牌销量位居全国高档卷烟品牌销量前列,红金龙品牌销量位居行业单品牌销量第二位。利用湖北省,特别是武汉市的科教优势,加大茶学复合型人才的培养力度,为新型的茶叶加工储备人才,加快科技创新,提高科技成果转化为生产力的速度,为湖北省的茶叶产业发展提供技术保障。

二是大力实施"公司+农户"模式和"茶叶生产合作社"模式。目前,我国茶业生产规模经营主要有四种形式:茶叶生产的专业承包经营、茶叶生产的股份合作经营、"公司+农户"模式和"茶叶生产合作社"模式。其中,第一、二种只是实现在生产加工阶段的规模经营,而其如何有效实现与市场对接、根据市场需求调整生产结构仍是问题;第三种和第四种则能让茶农及时掌握瞬息万变的市场供求信息,能很好地将生产与市场结合在一起,因此应该成为下阶段湖北省茶叶规模化经营的主流。但是,从总体上看,一家一户的小范围的生产方式仍然是当前湖北茶叶生产的主流模式,这种生产方式效率低下,不符合市场经济的发展要求,因此促进湖北省茶产业规模化生产任务还很严峻。

3.特色化:延伸茶叶产业链,大力发展"互联网+"模式

一是促进茶旅融合,搭建茶田综合体。利用湖北省教育资源优势,通过与华中农业大学、武汉传媒学院等具有专业特色的高校合作,发挥各自优势,形成品香茗、游茶园、学《茶经》、住民宿一站式服务,打造茶田综合体,形成吃、住、行、游、购、娱的新茶园,延伸茶叶产业链,提升茶文化的经济价值,推动湖北茶叶产业结构调整,从而全面提升茶叶产业发展优势和市场综合竞争力。

二是构建线上线下一体化,努力开拓销售市场。在充分进行市场调查的基础上,了解消费者所需要的茶叶类型以及数量,做好市场细分,比如主打名优高端绿茶,做好产品的统一投放,走高精尖路线,力促湖北省茶叶产业发展提档升级。除了通过直销、代销、经销等方式扩大茶叶销量外,还可以在"互联网+"模式下发展茶叶产业品牌,同时开设线下体验店,也可通过构建网站平台,跟上国家"一带一路"倡议和供给侧改革的步伐,通过了解外国友人的生活习惯、饮茶习惯和口味,以便有针对性地开发满足国外消费者需求的茶叶品牌,开拓国外市场,通过构建线上线下一体化渠道,减少国内茶叶存量,让茶叶走向世界。

实施乡村振兴战略,是解决人民日益增长的美好生活需要和不平衡不充分的发展之间矛盾的必然要求,是实现"两个一百年"奋斗目标的必然要求,是实现全体人民共同富裕的必然要求。推动湖北茶叶产业结构调整,全面提升茶叶产业发展优势和市场

综合竞争力,是贯彻落实产业兴旺、生活富裕总要求的一部分。本文在指出湖北茶叶产业发展存在着茶叶品牌杂而不响、茶企数量多而不优、种植规模大而不强三个主要问题后,分析了制约湖北茶叶产业发展的主要原因:打造区域公共品牌意识淡薄,品牌建设相对滞后,茶叶产品开发深度不够,茶产业链发展不完善,茶叶标准化建设滞后,茶园基础条件薄弱,根据实际情况对如何促进湖北省茶叶产业发展提出了相应的对策措施,并将其归纳为实行品牌化、优质化、特色化的“三化”模式,希望对湖北省茶叶等特色资源可持续发展提供参考,更好地落实乡村振兴战略,巩固全面脱贫成果。

(李梦柯,武汉传媒学院思想政治理论课部助教)

参考文献

[1]习近平.在全国脱贫攻坚总结表彰大会上的讲话(2021年2月25日)[N].人民日报,2021-02-26(2).

[2]中国茶叶学会,中国国际茶文化研究会.中国茶业年鉴[M].北京:中国农业出版社,2017.

[3]农业农村部种植业管理司.2017年全国各产茶省茶园面积、产量和产值统计[J].中国茶叶,2018,40(6):27.

人工智能武器对国际法的挑战及应对措施

◈ 周倩文

摘要：人工智能武器在军事上的应用，一方面带来了军事领域的巨大收益，另一方面，因其“智能”和“自主”的特性，也给国际社会带来了巨大的挑战。人工智能武器可能滥用作战方法和手段，易违反相关国际公约上的区分原则和比例原则，难以确定发生犯罪行为的法律责任主体。因此，为遵守国际法，必须要制定和审核国际法中关于人工智能武器的法规，增加应对措施，如有条件地限制人工智能武器的使用，明确相关法律责任主体，完善审查机制，构建公开、透明的国际监管体系。各个国家共同努力，真正合理且人道地应用该项技术。

关键词：人工智能武器；挑战；应对措施

基于人工智能技术的精确性和便捷性，其不断被应用到各个领域[1]。人工智能武器有着许多人类所无法拥有的特性，其在军事方面的应用体现了许多超越人类的优势，比如人工智能武器不会受主观情感的影响，避免了军事领域中出现不理性的行为；人工智能武器也能进行精确打击和防御，自主地发现、锁定、摧毁目标，防御敌军的进攻；人工智能武器对一些人类抵达不了的地方也能承担搜救伤员的任务[2]。总的来说，人工智能武器不单能对敌方发起攻击，还能保护己方的人员不受伤害。正是由于人工智能武器所表现出来的种种优势，各个国家现在都在竞相发展人工智能武器，以确保实现最大的军事利益。人工智能武器已经成为现代军事领域进行战斗的手段，但这也催生了一系列问题和风险。例如，对如何合理地使用这种武器，国际上并没有一个统一的规定及判定标准；对于何种武器属于人工智能武器，人工智能武器是否符合国际人道主义法的基本要求也没有统一的说法；关于国际上应该如何追究应用人工智能武器所产生的法律方面的责任也没有相关的国际条例。这一系列的问题和风险使得研究军事领域人工智能武器应用的有关国际法问题迫在眉睫。

一、人工智能武器的含义和类型

1. 人工智能武器的概念和特征

人工智能武器作为一种新事物,有区别于其他传统武器的新特质。美国《人工智能未来法案》对人工智能武器(Artificially Intelligent Weapons,简称为 AI Weapons)做了五类概念区分,这是人工智能武器在法律上面的概念界定[3]。一般来说,人工智能武器由不同计算机系统组成,能够自主完成侦察、搜寻、攻击、摧毁目标等军事任务。这也意味着人工智能武器能够在没有人参与的情况下,根据预先编制的程序,自己探测、识别、追踪、搜寻目标并进行武力活动[4]。在这一层面上,人工智能武器是能进行自主决策的一种武器。但也有学者指出,由于人工智能武器在现阶段并不具备完全的自主性,所以将人工智能武器称为"应用人工智能技术的自主性武器"可能要更准确一些[5]。

和传统武器比较,人工智能武器的特殊之处在于其能像人一样进行自主决策,因此其有着"机器人士兵"的说法[6]。"智能"和"自主性"是其区分于传统武器最本质的属性。在很多国际场合,也有人经常把人工智能武器称为"自主武器"(Autonomous Weapon,简称为 AW)。《国际人道法和当前武装冲突中的挑战》的研究报告认为"自主武器"是能通过自身的学习对周围的环境做出反馈,及时调整自己的武器或者武器系统[7]。但该报告并没有具体说明"自主武器"的类型,对于"自主武器"和"自动武器"两者之间的界定也很模糊,不能简单地说需要人类去操作的就叫"自动武器",不需要人类操作的就叫"自主武器"。这是因为"自主性武器"肯定包含了高度自动化的技术,它们是互相渗透、互相结合的。这也给国际上规定人工智能武器的类型、作战方法、手段和是否符合国际人道主义法带来了一定的挑战,并且随着人工智能武器的不断发展,其对相关国际法的冲击也会进一步加大。

2. 人工智能武器的类型

目前国际上对人工智能武器还没有一个统一的定义,所以对于人工智能武器的类型也没有一个详细的划分,但基本都是从人工智能武器强弱程度、属于防御型还是进攻型、是否机动这几个方面对人工智能武器进行分类。

美国《人工智能未来法案》根据人工智能武器由低到高的智能性,将其分为五类:仅能采取理性行动的武器;能完成认知、判断的武器;通过信息处理,能像人类一样采取行动的武器;具有认知网络结构,能像人类一样思考的武器;在复杂的作战环境中像人一样思考、决策、行动,并且能通过学习进行实时反馈的武器[8]。这个分类没有详细举例说明一种人工智能武器属于哪一个等级,但从等级上对人工智能武器进行分类为我们提供了一个思路与参考。

另外,人工智能还可以分为强人工智能和弱人工智能,并且有学者主张未来还有一种超人工智能。基于此,有学者将人工智能武器分为了三大类:弱人工智能武器、强人工智能武器和超人工智能武器[9]。弱人工智能武器主要是指自主性较差、智能程度较低的人工智能武器,它自己只能完成简单的任务搜索、信息收集,而最终决策则需要人类来进行。强人工智能武器是目前应用最为广泛的一种智能武器,这类武器相关的规范一般来说与普通武器类型近似。相对于前两类武器,目前国际法很缺乏对强人工智能武器的规制,对于超人工智能武器的研究还达不到一定水平,需要我们花费一定的时间去探究,从而形成相对完善的规制体系。

国际红十字委员会(ICRC)和联合国裁军事务办公室(UNODA),按照人工智能武器属于防御型还是进攻型,将之分为反火箭、火炮、迫击炮系统,车辆"主动防御"武器,巡飞弹,"一劳永逸"型鱼雷,反人员"哨兵"武器。前两种属于防御型武器,后面三种是进攻型武器。另外,反火箭、火炮、迫击炮系统,车辆"主动防御"武器,反人员"哨兵"武器不具备机动能力;巡飞弹和"一劳永逸"型鱼雷具有机动能力[10]。

二、人工智能武器给国际法带来的挑战

人工智能武器的飞速发展对现有的国际法带来了许多冲击,主要如下。

1.人工智能武器可能滥用作战方法和手段

人工智能武器是由人类精确编程的,所以其在进行选择和决策过程中是完全理性的,不会受到思想感情方面的影响,就是一个"冷冰冰的机器"。在战争时,战斗人员会根据战斗过程中的一些指令或者局势变化做出及时的调整,重新调整作战计划以及进行合理的人员安排等。人工智能武器虽然智能,但也没有"智能"到能像人一样完全进行自主思考的程度。人工智能武器能够轻轻松松地计算出一些人类认为极为困难的数学难题,但对于一些很简单的任务有时候却不能进行恰当的决断[11]。人工智能武器还极容易受到欺骗,改变了颜色的装甲车就会被认为是校车,它不能清楚区分战斗人员和平民,更不用说区分失去战斗力的战斗人员和有战斗力的战斗人员了。这就导致人们对人工智能武器在使用过程中对个体生命进行无差别剥夺的做法产生了极大争议,因为在缺乏一定的价值约束下,该行为无疑是对生命的亵渎。

国际人道主义法虽然是各个国家制定相应规范制度的依据,但从20世纪中期以来,其从以国家为中心逐渐转移到了以人为中心,更加强调“军事必要”与“人道主义”的动态平衡,由此可见其对人权的重视在逐渐加强。其与传统的战争法要求的不一样,传统的战争法更加强调“杀戮权”,而现代国际人道主义法更加重视在战争中与战争无关人员的人身和财产安全,最大限度地减少给人带来的损害。人工智能武器的使用将对国际人道主义中的一些规定形成一定的挑战,这主要体现在两个方面:一方面,人工智能武器是目标引导型的,它按照之前设计的固定程序执行目标任务。在一场战争中,本来只要造成战斗人员失去战斗力就可以了,但人工智能武器可能会选择剥夺战斗人员的生命。另一方面,敌方明显失去战斗力或者胜败已经成为定局时,人工智能武器可能会选择绞杀敌方人员,不会选择采用围困和劝降等非杀伤性方式,这会导致乱杀滥伐等人道主义灾难[12]。

2. 人工智能武器容易违反区分原则和比例原则

相关战争法规定,进攻应该遵守区分原则和比例原则,这是进行合法战争的必要前提。区分原则作为战争法中的一个首要原则,主要是指在武装斗争中,冲突双方必须区分战斗人员和平民、军事目标和民用物体[13],这和国际人道主义法规定尽量减少与战争无关人员的人身和财产的损害不谋而合。但人工智能武器的应用对区分原则形成了极大的挑战,区分原则首先强调对于平民的保护,《第一附加议定书》的第48条和51条都规定了要保护平民,禁止不分青红皂白的武力攻击,禁止平民成为被攻击的对象。但是这种区分更多地建立在对外表的识别上面,比如根据穿的制服是否一样或者是否公开携带武器做出区分。靠传感器等电子信号进行识别的人工智能武器,缺乏对战时环境状况的分析及推理能力,很难完成这一识别任务。并且战争时局并不稳定,战斗人员和平民的身份也随时都在发生变化。对于民用物体和军事目标的区分,也存在一个“灰色地带”,因为大量的通讯、能源、交通等设施,为战争提供了潜在的价值,在战时就可能成为对方潜在的军事目标,所以这为准确区分民用物体和军事目标带来了一定的挑战。

国际人道法中的比例原则要求国家在对敌对国军事目标发起攻击时,应当最大限度地减少对敌对国的平民和民用物体的附带损害,并且要求这种损害不应超过所采取的军事行动本欲获得的具体的、直接的军事利益[14]。这就要求在进行攻击前,应该衡量发起进攻所带来的损失和预期能获得的军事利益之间的一个比例关系。如果纯粹为了追求利益而会对平民和民用物体造成过分的损害,那么就应该禁止进攻。但做出是否进攻的决定,是要综合考虑当时的具体环境及战时形势,并需要进行主观评价才行[15]。人工智能武器无法在特定的环境和条件下进行一个合理的主观判断。

3. 难以确定人工智能武器发生犯罪行为时的法律责任主体

现代科技进步使人工智能武器能够在一定程度上进行自主分析和决策,但当意外发生时,这也给追究犯罪责任主体带来阻碍[16]。对犯罪主体的责任追究,在国际法上本来就是个复杂的问题,如今将变得更加复杂。因为人工智能武器不受道德上的限制,所以其可能对已投降的士兵进行胡乱扫射,或者不做区分任意射杀平民[17]。这些都是对国际法的挑战,而国际人道主义法并没有关于自主决定作战方法与手段等规范。并且由于人工智能具有自主决定性,对其进行犯罪责任判定时,如果将人工智能武器定位为战斗人员,那么其并没有承担国际义务的能力。但是如果让自然人承担相应的责任,那么该承担责任的是其设计师、战斗人员或上级指挥官,还是经销商、生产商、国家呢? 加上如果判定自然人作为犯罪责任主体,那么人类很可能因为人工智能武器的设计缺陷、自主性等问题存在争议而去摆脱应有的责任,法官或者社会群体也可能会给予他们更多的同情,所以以上的这些情况的确给国际人道法的实施带来了新的困难[18]。这是由于法律制订者在制定法律条款时,尚没有考虑人工智能武器这种可以进行自主决策的情况,仅将行使人作为自然人进行考虑,这对国际人道主义造成冲击也是在所难免的。因此,在国际人道主义和战争法关于人工智能武器的主体界定、适用条件、基本原则等方面,还需进行深入探讨[19]。

三、如何应对人工智能武器给国际法带来的挑战

近些年,人工智能武器的飞速发展,在某种程度上改变了战争的形态,给各个国家带来了巨大的军事利益,但同时也引起了极大的争议,这推动了国际社会对于人工智能武器的探讨和研究。

1. 限制人工智能武器的自主杀伤权

目前,研究界对于人工智能武器的态度大多是主张实行全面禁止战略。但是归根到底,发动战争的不是人工智能武器,而是武器背后的人类。人类设计和发明了武器,人工智能武器表现出来的性能都是来源于人类的操作。其是科技进步在军事方面的一大表现,我们不应该对其全盘否定,而是应该趋利避害,引导人工智能武器向着人类所预期的目标前进。因此,对于进攻型人工智能武器应该剥夺其自主杀伤权,因为这类武器自主性能较高,极容易破坏国际人道主义法中的区分原则和比例原则,对国际社会造成严重危害。所以应该从源头上全面禁止这种武器的研发,防止这种武器不以

自卫为目的,随意地杀伐敌人,从而减少战争带来的损失。而非进攻型人工智能武器只在敌方发起进攻时才采取一定的自卫措施,或者对敌方采取的是非进攻型攻击,所以我们应该鼓励研发和使用这类武器,但也应该建立完善的武器审查制度。国际组织应要求各个国家规范使用非进攻型人工智能武器,并避免其向进攻型人工智能武器转变。

2. 明确人工智能武器发生犯罪行为时的法律责任主体

明确人工智能武器发生犯罪行为时的法律责任主体,有利于对人工智能武器进行有效的法律规制。由于人工智能武器并不具备承担相应责任的能力,所以不能将其视为"战斗人员",不能像人一样对其进行惩处,我们应该主要落实到相应的作战方法和手段上。

有研究认为,国际人道主义法在判断国际刑法主体时,应当充分考虑其主观过失。如果设计者没有充分考虑人工智能武器的设计过失或可能风险,生产者没有按有关规定生产人工智能武器,指挥官没有按正确意图使用人工智能武器,那我们应该重点追究这些人主观上的过失,其他风险则由国家承担[20]。但也有研究表明,国家的国际责任不应包括刑事责任,在某种程度上,国家责任法比国际刑法更为有效;设计师、生产商、经销商很可能变成实际操作人工智能武器者的"替罪羊",而指挥官作为战场行为的决策者应该承担责任[21]。因此要严格按照法律来防范人工智能武器可能会实施的犯罪行为,除了要明确犯罪行为的法律责任主体,还需明确具体的犯罪认定。这需要国际社会共同努力,制定操作性较强的国际协定,充分发挥法律对人工智能武器的规范作用。

3. 完善人工智能武器的审查机制

《日内瓦公约》的《第一附加议定书》第36条规定,缔约国在研究、使用一种新式武器的过程中,该国不得超越国际法的规制,要确保新式武器、新技术及新的作战方法的合法性。但是实际上该条款却形同虚设,因为很少有国家能自觉遵守这一规定[22]。这是因为该武器在一些审查制度等关键性的问题上界限并不明晰。但是该条款对于避免将非法的人工智能武器加入战争从而引发灾难具有重大意义。所以,一方面国际社会应该严格遵守该条款的规定,确保各国在研发或者使用人工智能武器时,严格将其限定在非进攻性范围内;另一方面各国也要通过国内立法,落实国内的相关审查机制,以弥补国际上关于人工智能武器法律规定中一些缺陷。

目前,瑞典、美国、挪威、澳大利亚等国已制定了对武器合法性进行审查的国内机制和程序,它们一般将国防部及军队作为武器审核机构,并保持相关信息的透明性。

这些国家为其他国家建立了一个很好的榜样[14]。其他国家可以依此进行国内法的制定,完善关于人工智能武器的研发、制造及应用的一系列法规。我国也应该在《宪法》《刑法》中增加有关人工智能武器的法律条款,细化并完善对有关战争犯罪的处理规定等内容。

4. 构建使用人工智能武器的国际监管体系

人工智能武器的发展给各国带来了极大军事利益,各个国家也在研发多种人工智能武器,以获取巨大的军事利益。但是由于国家与国家实力差距明显,小国只有掌握了核心科技,才能研发和制造人工智能武器,从而不怕大国的打压,而大国也要防备小国超越自己,这难免会形成互相竞争的局面。所以,每一个国家都想利用人工智能武器的便利性来为自己国家服务,甚至可能会生产出一些不符合国际人道主义与战争法要求的武器装置。这使成立公开、透明的国际监管体系十分必要,这是国际人道主义所倡导的。2013 年 11 月,国际仲裁联盟和人权组织呼吁联合国在《特定常规武器公约》日内瓦会谈中提出,必须全面禁止研发名为“杀手机器人”的完全自主武器。2016 年,全球五个科技巨头公司,成立了一个人工智能行业组织,这是为了使人工智能有益于人类,而不至于使人类受害[23]。目前对于人工智能武器的管制仍存在许多不足,我们必须从完善国际法上加以解决。基于人工智能武器的特性及其带来的挑战,我们应当在《特定常规武器公约》的框架下,支持联合国构建人工智能武器的透明监管体系。我们要对人工智能武器的军事性质进行界定,监管人工智能武器的使用方式,限制其使用范围的扩大。

人工智能武器在国际上正处于一个尴尬的境地。人工智能武器的出现是人工智能技术在发展过程中的一个不可阻挡的趋势,一方面,人工智能武器可以被用于某些环境中,它能进行一定程度上的自主决策,减少了国家军事上的成本,带来了军事上的极大便利,创造了巨大的军事收益。但另一方面,人工智能武器的飞速发展也给我们带来了巨大的威胁与挑战。如果不对其加以限制,终有一天它会造成国际秩序的混乱,从而威胁人类自身的发展。人工智能武器给我们带来的挑战到底有多么巨大?我们目前对于人工智能武器的担忧有多少会被认为是杞人忧天?随着时间的流逝,我们都会获得答案。现在,我们唯一能做到的就是使人工智能武器的设计、研发、应用必须符合国际人道主义法的要求,必须符合区分原则、比例原则、国际人道主义原则。当前,国际红十字会和《特定常规武器公约》已经对人工智能武器进行了一些探讨,并达成了一些共识,但是很多重要问题的解决还需要各个国家的共同努力。

(周倩文,武汉传媒学院思想政治理论课部教师)

参考文献

[1]宋莉. 人机大战第三局 棋圣聂卫平解析:AlphaGo 究竟有多逆天[EB/OL].(2017-05-27)[2022-02-19]. http://jiangsu. china. com. cn/html/jsnews/society/10452463_1. html.

[2][12]李子昊. 论国际人道主义法应对人工智能武器的完善[J]. 法制与社会,2016(6):11-12.

[3]潘铭方. 人工智能:从规划迈向立法[J]. 电子知识产权,2018(4):84-87.

[4][7]孟雍杰. 论人工智能武器的国际法规制[D]. 杭州:浙江大学,2019.

[5] PAGALLO U. Robots of just war: a legal perspective[J]. Philosophy & Technology, 2011(3):215.

[6]王璐菲. 美国制定人工智能研发战略规划[J]. 防务视点,2017(3):31-36.

[8]波斯特洛姆. 超级智能:路径、危险性与我们的战略[M]. 北京:中信出版社,2015.

[9]李享,罗天宇. 人工智能军事应用及其国际法问题[J]. 信息安全与通信保密,2021(1):99-108.

[10][15][21]张卫华. 人工智能武器对国际人道法的新挑战[J]. 政法论坛,2019(7):143-155.

[11]I. C. J. Reports, Legality of the Threat or Use of Nuclear Weapons[J]. Advisory Opinion, 1996(8):257-273.

[13]LIN P, et al. Robouts in war: isues of risk and ethics[J]. Ethics and Robotics, IOS Press , 2009:57-72.

[14]何 蓓. 性质与路径:论自主性武器系统的国际法规制[J]. 西安政治学院学报,2016,29(4):97-103.

[16]杜瑾. 人工智能武器犯罪类型界分与风险控制[J/OL]. 学术探索:1-12[2022-05-29]. http://kns. cnki. net/kcms/detail/53. 1148. c. 20220311. 1520. 002. html.

[17][19][20][23]周倩文. 人工智能和其他新技术发展的国际法问题[J]. 长春师范大学学报,2020,39(3):74-77.

[18]俞正山. 武器和技术发展对国际人道法的挑战[J]. 西安政治学院报,2005(1):63-69.

[22]赵亮. 新武器法律审查问题初探[J]. 西安政治学院学报,2010(4):44-49.

图书在版编目(CIP)数据

思想政治理论与实践. 2022 / 张燕明主编. -- 北京:中国传媒大学出版社, 2022.9
ISBN 978-7-5657-3303-1

Ⅰ. ①思… Ⅱ. ①张… Ⅲ. ①高等学校—思想政治教育—教学研究—中国 Ⅳ. ①G641

中国版本图书馆 CIP 数据核字(2022)第 187004 号

思想政治理论与实践(2022)
SIXIANG ZHENGZHI LILUN YU SHIJIAN (2022)

主　　编　张燕明
责任编辑　黄松毅
特约编辑　李　婷
封面设计　拓美设计
责任印制　阳金洲

出版发行　中国传媒大学出版社
社　　址　北京市朝阳区定福庄东街 1 号　　**邮　　编**　100024
电　　话　86 - 10 - 65450528　65450532　　**传　　真**　65779405
网　　址　http://cucp.cuc.edu.cn
经　　销　全国新华书店

印　　刷　唐山玺诚印务有限公司
开　　本　787mm × 1092mm　1/16
印　　张　9.75
字　　数　175 千字
版　　次　2022 年 9 月第 1 版
印　　次　2022 年 9 月第 1 次印刷

书　　号　ISBN 978-7-5657-3303-1/G · 3303　　**定　　价**　49.00 元

本社法律顾问:北京嘉润律师事务所　郭建平